맛있게 읽는

북한이야기

문인철·간우연·이미경·임상순·엄현숙·양미정·최영일 지음
이미경 그림

박영사

맛있게 읽는 북한이야기

초판발행	2019년 4월 10일
중판발행	2020년 11월 30일
지은이	문인철 · 간우연 · 이미경 · 임상순 · 양미정 · 엄현숙 · 최영일
그 림	이미경
펴낸이	안종만 · 안상준
편 집	박송이
기획/마케팅	김한유
표지디자인	김연서
제 작	고철민 · 조영환
펴낸곳	(주) **박영시**
	서울특별시 금천구 가산디지털2로 53, 210호(가산동, 한라시그마밸리)
	등록 1959. 3. 11. 제300-1959-1호
전 화	02)733-6771
f a x	02)736-4818
e-mail	pys@pybook.co.kr
homepage	www.pybook.co.kr
ISBN	979-11-303-0634-6 03340

copyright©문인철 · 간우연 · 이미경 · 임상순 · 양미정 · 엄현숙 · 최영일, 2019, Printed in Korea

정 가   13,000원

맛있게 읽는

북한이야기

- 스토리편 -

문인철·간우연·이미경·임상순·엄현숙·양미정·최영일 지음
이미경 그림

충성이

유나

숙도전 떡

두부밥

박영사

서 문

　남한(대한민국)과 북한(조선민주주의인민공화국)은 체제가 다른 국가관계이기도 하지만 한민족이기도 합니다. 그렇기 때문에 남한과 북한은 모두 통일을 원합니다. 그러나 통일은 우리가 생각하는 것만큼 단순하고 쉬운 문제가 아닙니다. 통일을 하는 방식, 통일의 의미가 서로 다르기 때문입니다. 하지만 결국 통일의 끝은 남북한 주민의 마음이 하나가 되는 것일 겁니다. 따라서 통일의 시작과 준비는 서로를 이해하는 것부터가 될 것입니다.

　이러한 이유로 초등학교 선생님, 대학교 교수님, 연구소 박사님들이 함께 모여 미래 세대의 주역인 초등학생들이 북한을 이해할 수 있는 책을 만들기로 뜻을 모았습니다. 우선 일곱 명의 저자들은 한자리에 모여 이러한 뜻을 담을 수 있는 책의 제목을 결정하는 것부터 시작하기로 했습니다. '북한이야기', '통일이야기', '남북이야기' 등 다양한 의견들이 나왔고, 마침내 '맛있게 읽는 북한이야기'로 제목을 결정하였습니다. 우리는 맛있는 음식을 먹을 때 기분이 좋고 행복감을 느낍니다. 또 우리는 맛있는 음식을 보면, 할머니, 할아버지, 엄마, 아빠, 친구랑 같이 먹고 싶고, 또 소개해주고 싶습니다. 맛있는 음식을 먹을 때처럼 우리가 여러 사람들과 북한이야기를 함께 나누길 바라는 뜻에서 결정하였습니다.

　이 책은 우리가 북한의 이야기를 쉽게 읽고 이해할 수 있도록 가상의 탈북 초등학생인 충성이의 경험을 중심으로 진행됩니다. 북한 초등학생들은 방학을 어떻게 보내고, 무엇을 하고 노는지, 북한에는 어떤 기념일들이 있는지 등 여러 가지 주제들에 대해 충성이가 남한 친구 유나에게 말해줍니다. 그리고 우리 초등학생들이 북한에 대해 좀 더 이해할 수 있도록 해설을 덧붙였습니다.

　이 책은 통일 문제를 함께 고민하고 논의하며, 가르치며, 연구하는 일곱 명의 저자들이 2018년부터 함께 모여 집필하여 완성했습니다. 부디 이 책이 초등학생들이 북한을 좀 더 이해하고, 통일 문제에 대해 자그마한 관심을 가질 수 있는 주춧돌이 되길 바랍니다. 마지막으로 이 책이 세상에 나올 수 있도록 도와주신 ㈜박영사의 김한유 대리님과 박송이 편집자님께 감사를 드립니다.

차 례

오늘 남학생 한 명이 전학을 왔다. 선생님은 남자아이에게 인사를 시켰다.

"나는 북한에서 온 충성이라고 해. 북한에는 나처럼 충성이라는 이름을 많이 써."
아이들은 수군거렸다. "뭐? 북한...? 정말 북한이래?"

"나는 양강도 김정숙군에서 왔어. 거기는 개마고원에 자리한 고지대야."

"유나 옆에 있는 빈자리에 앉으면 되겠네. 옆에 가서 앉으렴."

나는 '김정숙군'이라는 말에 의아했다. 그리고 개마고원이라는 곳도 처음 들었다.
뭔가 이상했다. 충성이는 낯설어하며 내 옆에 앉았다. 선생님은 자기소개를 하라
고 말씀하셨다.

"나는 손풍금 연주를 잘하는 충성이라고 해!" 충성이는 손풍금을 연주하는 흉내
를 냈다.

"아! 아코디언." 나는 방탄소년단 춤추기를 좋아하는 유나라고 말했다. 이후 개학
식에서는 교장선생님 말씀이 이어졌다. 개학식이 끝나고 친구인 수민이와 4학년
때 헤어졌다가 다시 같은 반이 되어 좋다고 이야기를 나누었다.

"뭐? 반이 바뀐다고? 참 이상하구나..."

"뭐가 이상하다는 거니?"

"내가 다녔던 북한 소학교에서는 1학년 때 같은 반이었던 친구들이 5학년 졸업 때
까지 한 반이었어."

"반이 바뀌지 않았다고? 와! 신기하다!"

2 임원선거

이번 주 금요일에 우리 반 임원선거를 한다고 선생님께서 말씀하셨다.

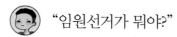 "임원선거가 뭐야?"

"임원선거는 우리 반을 위해 봉사하는 학생을 뽑는 거야."

"봉사? 봉사가 뭐야?"

"임원은 반에서 규칙을 지키게 하고 회의를 이끌어가는 역할을 하는 거야."

"아! 간부선거. 북한의 학급간부에는 학급반장, 분단위원장, 학습·생활·꼬마를 담당하는 위원이 있어. 그리고 소년반장이 있어."

"말이 이상하다."

선생님은 임원선거를 시작한다고 했고, 회장에 출마하고 싶은 아이들은 손을 들라고 했다. 이윽고 선거를 통해 회장을 뽑았다.
투표용지에 자기가 원하는 후보이름을 쓰라고 하자 충성이는 신기해했다.

"이건 왜 이렇게 하는 거야? 북한에서는 선생님이 회장을 결정하셔. 누가 간부집 아이인지를 보고 반의 간부로 임명해."

나는 남과 북이 차이가 많다고 생각했다.

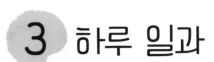

3 하루 일과

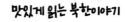

아침에 학교에 오다가 아파트 입구 분식집 앞에서 충성이를 만나 함께 학교에 가게 되었다.

 "북한에서는 매일 함께 반 전체가 모여서 등교해."

 "그게 어떻게 가능해?"

 "각 반마다 모임장소가 지정되어 있어. 매일 아침 거기에 모여서 줄을 맞춰 노래 부르면서 등교하는 거야."

두 번째 수업을 마치는 종이 울렸다. 옆자리의 충성이가 벌떡 일어서더니 밖에 나가려 했다.

 "업간체조 안 나가?"

 "무슨 체조?"

 "내가 습관이 되었나 봐. 북에서는 2교시가 끝나고 전교 학생이 운동장에 모여 체조하는 시간이 있어. 그걸 업간체조라고 해."

4교시를 마치고 선생님은 급식 먹으러 가기 위해 줄서자고 했다.

 "북한에는 급식을 주는 학교가 없어. 대부분의 아이들은 집에 가서 점심을 먹고 와. 집이 먼 아이들은 도시락을 싸오기도 하지."

학교공부가 끝나고 나는 피아노 학원에 간다고 했다.

 "충성아 북한에도 피아노 학원이 있니?"

 "피아노 학원은 없어. 대신 음악 소조활동이 있어. 손풍금, 바이올린, 기타, 각종 나팔을 배우고 싶은 아이들이 소조에 드는 거야."

4 청소년 단체

4월이 되자 선생님은 청소년 단체 안내장을 나눠주면서 희망하는 사람은 신청서를 써서 가져오라고 하셨다.

 "난 스카우트를 할 거야."

"청소년 단체가 뭐야?"

"학교에서 공부하는 것 외에 봉사활동, 혹은 야영 같은 것을 하는 거야."

"북한에는 그런 게 없어."

"북한에는 학교에서 어떤 단체 활동을 하니?

"소년단을 중심으로 하는 단체 활동이 있어."

"소년단이 어떤 거야?"

"소년단은 1학년 때부터 전교생이 의무적으로 가입해야 하는 단체야. 각 반마다 소년단 조직을 대표하는 학생이 분단위원장이야. 이 학생이 소년단 활동을 안내해주는 거야. 소년단은 나라에 충성하는 마음을 가지도록 만들어졌어."

5 현장체험학습

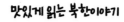

선생님은 현장체험학습 신청서를 나눠주면서 4월 말에 체험학습이 있다고 하셨다.

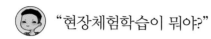 "현장체험학습이 뭐야?"

"학교 밖에 나가서 배우기도 하고 즐거운 시간을 보내는 거야. 북한에도 현장체험학습 같은 것이 있니?"

"아니. 학교 밖에 나가서 배우는 것은 없어. 대신 혁명사적지 답사가 있어."

"혁명사적지 답사를 가서 수건돌리기, 줄다리기 같은 놀이를 하는 거야?"

"아니. 설명을 들으면서 혁명사적지, 유적지를 둘러보는 거야. 그리고 설명 가운데서 시험문제가 나오기도 해. 수건돌리기와 줄다리기는 원족을 가서 해."

"원족이 뭐야?"

"봄과 가을에 한 번씩 야외에 나가서 하는 운동회 같은 거야. 도시락을 싸 가서 먹고 미국사람때리기, 수건돌리기 등의 각종 운동을 하는 거야."

6 각종 기념일

어린이날이 다가오니 주변 아이들은 어떤 선물을 받게 될지 기대에 부풀었다.

 "난 이번 어린이날에 엄마가 최신형 핸드폰을 사준다고 했어. 충성아, 북한에도 어린이날이 있어?"

"어린이날은 없고 6월 1일 국제아동절과 6월 6일 소년단 창립절이 있어."

"그때는 뭐하는 거야?"

"국제 아동절 때는 주로 원족을 가. 선물 같은 건 없고 텔레비전에서 재밌는 아동영화(만화)를 보여줘. 그리고 소년단 창립절에는 소년단 입단식을 하게 돼. 너도 북한 아이들이 붉은 넥타이를 한 걸 본 적 있지? 2학년들이 조선소년단에 가입하면서 붉은 넥타이를 매게 되는 거야. 소년단 가입을 축하해주기 위해 부모님과 어른들이 오셔서 붉은 넥타이를 매주기도 해."

"충성아 넌 그럼 언제 선물을 받아?"

"2월 16일 광명성절과 4월 15일 태양절에 선물을 받아. 이 날이 제일 행복한 날이야. 평소에는 잘 먹을 수 없는 사탕과자, 카라멜, 껌을 받을 수 있거든."

7 가족문화

충성이
부모님
결혼기념
사진!

나는 이번 주 토요일에 이모가 결혼을 해서 축하해주기 위해 결혼식장에 간다.

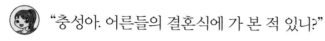 "충성아. 어른들의 결혼식에 가 본 적 있니?"

"물론이지. 3학년 때 혜산(양강도 도소재지)에 사는 외삼촌이 결혼을 해서 온가족 모두 기차 타고 외갓집에 갔어. 결혼식은 외갓집에서 했어. 큰방에 결혼상을 차리고 동네사람들이 축하하러 모였어."

"결혼식을 집에서 한다고? 예식장에서 하는 거 아니야?"

"북한에는 결혼식을 대부분 집에서 해. 여기처럼 예식장, 교회, 야외에서 하는 건 거의 없어."

"그럼 결혼식은 어떻게 해?"

"신부네 집에서 이불짐이나 살림 도구를 갖고 모여서 결혼식이 시작돼. 먼저 신랑 신부가 맞절하고 어른들께 절을 하고 나서 신랑이 신부에게 술을 따라 주지. 신부도 신랑에게 술을 한잔 주면 결혼식이 끝나는 거야. 결혼식이 끝난 뒤에 친척들이랑 만두, 수육 등 음식을 나눠 먹어. 그러고 나서 동네 근처에 있는 김일성 동상에 가서 인사하고 기념사진을 찍으면 결혼식이 마무리되는 거야."

"신혼여행은 주로 어디로 가?"

"신혼여행은 없어. 결혼식이면 오래간만에 만난 사촌들과 5일에서 7일 정도 여러 가지 놀이를 하면서 즐겁게 시간을 보내."

8 시험

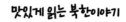

나는 학기 말 시험을 준비하려 문제집을 풀기 시작했다. 하루에 정해 놓은 쪽수를 풀려고 하니 힘들었다.

 "충성아 너도 북한에 있을 때 문제집 풀었니?"

"아니 북한에는 문제집이 따로 없어."

"그럼 시험을 어떻게 봐?"

"북한에서는 한 학기 동안 배운 모든 것을 기말고사 때 시험으로 봐! 그래서 어떤 문제가 나올지 몰라."

"와, 그럼 공부할 게 엄청 많겠다."

"국어, 수학, 공산주의 도덕 이런 과목은 별로 힘들지 않아. 정말 힘든 거는 두 개의 혁명 역사 과목이야. 이 과목은 암기시험으로 치뤄."

"암기라고?"

"한 과목당 예상문제 40~50문제 되는 것을 모두 외워서 답해야 해."

"학원은 안 가니?"

"북한에 학원은 없어."

"그렇구나, 그럼 북한에도 성적표가 있어?"

"있어. 성적표는 방학할 때 한 번 나눠줘, 그런데 성적표에 등수가 써져 있어서 받을 때 긴장돼."

9 방학

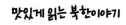 
선생님은 방학계획서를 나눠주면서 방학 동안에 해야 할 일을 말씀해주셨다. 해야 할 일은 일기쓰기, 독서하고 독서록 쓰기, 체험학습 가기, 운동하기 등이었다.

"충성아 나는 이번 방학에 책을 읽으려고 해. 너는 뭐할 거야?"

"나는 아직 특별한 계획이 없어. 그런데 유나야 이번 방학 때 언제 나와서 방학 간 활동하니?"

"방학 간 활동이 뭐야? 여긴 방학하면 개학 때 만나는 거야."

"북한에선 방학에도 일주일에 2~3일은 나가야 해. 수업을 하지는 않지만 여러 가지 봉사활동을 해."

"봉사활동이라고? 어떤 걸 하는데?"

"광산이나 농장에 나가서 어른들의 일을 도와주기도 하고 노래를 부르고 꽃다발을 드리면서 선전활동을 해. 겨울 방학에는 퇴비 바치기 운동을 하기도 하고 방학 동안에 파동, 파고철 수집을 하기도 해."

"파동, 파고철?"

"그건 쓰고 버린 구리, 철을 수집하는 활동이야."

"그럼 어디서 그걸 구하는 거야?"

"북한에는 철물점이 따로 없어서 부모님들이 이런 걸 수집해서 집에 모아둬."

 방학 중 활동

여름 방학 중간에 충성이와 놀이터에서 만났다. 오래간만에 만나니 매우 반가웠다. 나는 해수욕장에 다녀와서 얼굴이 햇빛에 그을려 있었다.

 "유나야 얼굴이 왜 이렇게 탔어?"

"가족들이랑 여름휴가로 강원도 해수욕장에 다녀왔어. 정말 즐거웠어! 참 충성아, 북한에도 해수욕장이 있니?"

"나는 가 보지 못했지만 해수욕장이 있어. 원산 송도원과 남포, 청진, 흥남, 경성 등에 해수욕장이 있다고 들었어. 나는 시골에 살아서 여름에 더울 때면 강에 나가서 친구들과 물장구를 치며 놀거나 고기잡이를 했어. 잡은 고기로 어죽을 만들어 먹기도 했어."

"가족들끼리 여행은 가 봤니?"

"북한에 있을 때 가족여행을 가본 적은 없고, 이번에 처음으로 가족과 함께 제주도에 다녀왔어. 엄마 아빠와 함께하는 여행은 정말 좋았어. 한라산을 올랐는데 내가 살던 개마고원(한반도 지붕이라 불리며 우리나라에서 제일 높다)과는 달랐어."

"개마고원은 어떤 곳이야?"

"높고 산림이 울창한 고산지대야. 그곳 사람들은 감자농사를 많이 해. 그리고 밀과 보리도 많이 심어. 겨울에는 춥고 눈이 많이 와."

북한 음식

나는 충성이의 초대를 받아 충성이네 집으로 놀러갔다.

"네가 유나구나. 우리 충성이와 친하게 지내 주어서 고맙구나. 충성이 방에서 놀 아라. 오늘 맛있는 북한 음식을 해줄게."

"냉면이요? 북한은 평양냉면이 유명하잖아요."

한참 후 충성이 어머니께서 음식을 가져다주셨다.

"충성아 이게 뭐야?"

"두부밥이라는 거야. 구운 두부에다 밥을 넣어 먹는 거야. 북한에서 많이 먹어."

"양념장이 매울 것 같아."

"조금 맵지만 맛있어. 이건 인조고기밥이라는 거야. 고기처럼 보이지만 콩으로 만든 음식이야. 이건 속도전떡(펑펑이떡)이라는 건데 옥수수 가루를 물에 반죽 한 거야."

"이런 북한 음식을 만드는 재료를 어디에서 구하니?"

"북한에서 살다가 남한으로 온 분들이 이런 음식재료를 만들어 판매하는 곳이 있어."

"이 음료수 되게 맛있다. 색깔도 예쁘고! 이거 뭘로 만든 거야?"

"이건 오미자 단물이라고 해. 오미자를 끓인 물에 설탕을 넣어서 만든 거야."

"북한 음식 정말 맛있다."

오후 수업이 끝나 집으로 가려는데 복도에서 아이들이 모여 핸드폰 게임을 하고 있었다. 나와 충성이는 게임하는 친구들 옆을 지나가게 되었다.

"충성아 북한에도 컴퓨터가 있니?"

"물론이지. 학교마다 컴퓨터실이 별도로 마련되어 있어."

"북한 아이들도 컴퓨터 게임을 하니? 북한에 있을 때 너도 컴퓨터 게임해 본 적 있어?"

"평양레이서라는 컴퓨터 게임을 해본 적 있어. 평양시내를 달리는 자동차 경주게임이야. 남한 아이들이 하는 복잡한 컴퓨터 게임은 아니야. 그렇지만 컴퓨터 게임을 많이 하지는 않아"

"그럼 주로 뭐하고 놀았어?"

"친구들과 모여서 나무먹기, 살구씨먹기, 대못치기, 제기차기, 숨바꼭질, 돌바위보, 뜀줄 , 진지(군사)놀이 같은 놀이를 많이 했어. 우리 나가서 친구들 모아 뜀줄 할래?"

"뜀줄이 뭐야?"

"북한에서는 단체줄넘기를 뜀줄이라고 해."

"그럼, 우리 뜀줄 하자."

13 갈등 화해

저는 김충성 동무를 호상비판 하겠습니다.
김정일 장군님께서는 소년단원들이 당과
수령에 충성하고 서로 돕고 이끌라고
하셨는데 김충성 동무는 오늘……

2학기 개학 후 즐겁게 학교생활을 하고 있었다. 어느 날 충성이와 함께 집에 가다가 운동장에서 공을 차던 옆 반 아이들이 다투는 모습을 보았다.

"쟤네는 왜 다투는 거야?"

"운동하다가 서로 부딪쳤나 봐."

"확 패주면 되겠구만."

"아니야 충성아. 절대 그러면 안 돼. 학교에서 친구들을 때리면 안 돼. 그러면 학교
폭력이라고 신고 당할 수도 있어!"

"학교폭력? 그게 뭐야?"

"학교에서 학생들 사이에서 일어나는 폭력을 말하는 거야. 부모님과 학교를 대표
하는 분들이 모여 회의를 하는 거야. 잘못하면 처벌받을 수도 있어. 북한에서는
그렇지 않아?"

"야. 그런 게 다 있어? 북한에서는 친구들과 싸우게 되면 담임선생님한테도 혼나지
만 소년단 지도원 선생님께 불려가서 야단맞아. 심한 경우엔 소년단원들이 모인
장소에서 공개적으로 비판을 받아."

"공개비판이 뭐야?"

"잘못한 학생이 반성문을 써서 학생들 앞에서 읽는 거야. 그러고 나서 다른 친구
들이 잘못한 친구들을 비판해. 북한에서는 그걸 호상비판이라고 해."

14 수업시간

오늘은 공개수업일이다. 1교시 수업을 마치고 선생님께서 다음 시간은 공개수업시간이니 수업시간에 평소처럼 떠들거나 장난치지 말라고 말씀하셨다.

"남한 아이들은 교실에서 왜 그렇게 장난치고 떠드는지 모르겠어."

"북한에서는 아이들이 수업시간에 그렇게 하지 않아?"

"북한에서는 거의 그렇게 못해. 북한에서는 소학교 입학 때부터 선생님들이 엄격하게 지도하셔. 잘못하면 회초리로 맞기도 해."

수업이 시작되었다. 선생님께서는 모둠 활동을 위해 모둠 형태로 책상 위치를 바꾸라고 하셨다. 그러면서 서로 협력해서 문제를 풀어가라고 하셨다.

"북한에서도 모둠학습 해봤니?"

"아, 소년반 활동. 몇 명이 모여서 공부하는 거지? 그거 해봤어."

"소년반이 뭐야?"

"한 반이 30명이라면 5~6명이 하나의 소년반을 이루는 거야. 소년반에는 소년반장이 있고 반장이 자기 반원들의 공부를 도와주고 수업시간 질서유지도 맡아. 그리고 오후 과외 활동을 책임지고 함께하는 거야."

모둠활동이 마무리되고 모둠별 토의 결과를 발표하는 시간이 되었다. 충성이는 우리 모둠을 대표해서 발표하기로 하였다.

"충성아, 잘할 수 있을 거야!"

"북한에서 나 이런 거 해 본 적 없어. 북한에서는 주로 외워서 말하는 것만 해 봤는데 서로 이야기한 걸 말하려니 어떻게 해야 할지 걱정돼."

이것이 바로
북한에서 먹던
감자 만두!

다음주는 추석이다. 선생님과 추석에 무엇을 하는지 배웠다. 그러면서 선생님께
서는 이번 추석에 무엇을 할지 부모님과 함께 이야기해서 조사해 오라고 하셨다.

"충성아 이번 추석에 뭐 할지 조사했어?"

"아니 못 했어. 할아버지 할머니 묘소가 북쪽에 있고 아빠도 그곳에 계시고 고모랑
친척들도 그곳에 있어. 그래서 만날 수 없어. 그냥 엄마랑 집에 있어야지 뭐."

"그럼 북한에 있을 때는 추석 때 어떻게 지냈어?"

"고모랑 친척들이 모여 햇곡식을 수확해서 줄당콩밥을 하거나 송편을 만들기도 하
지. 아, 그리고 성묘도 가고 제사도 지내."

"그렇구나. 텔레비전을 보니 이산가족들이 임진각 망배단에서 제사를 지내던데 너
도 가 봤니?"

"작년에 엄마가 갔었어. 올해도 갈지는 잘 몰라."

"그럼 냉면과 만두도 추석 때 만들어 먹어?"

"냉면은 주로 식당에서 먹고 만두는 집에서 많이 빚어. 우리 엄마의 감자 만두는
정말 맛있어."

"언제 너희 엄마 감자 만두를 먹어 보고 싶다."

16 학예회

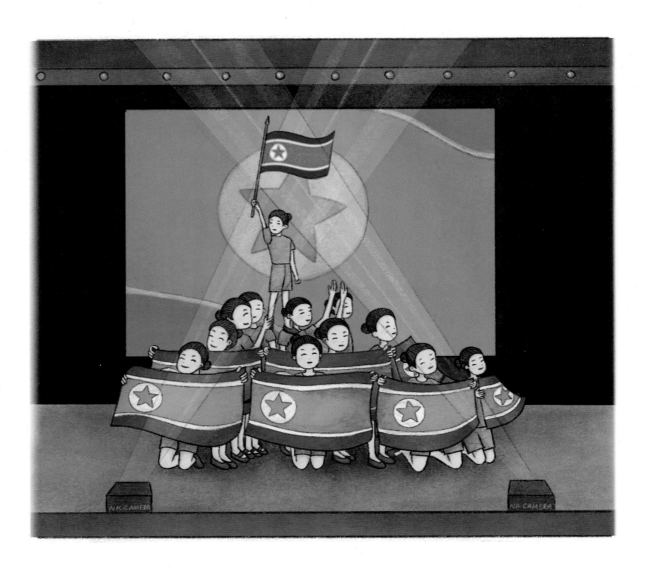

다음주에 있을 학예회 준비로 반 전체가 노래와 춤을 준비하느라고 바빴다. 연습도 하고 옷도 맞춰 입고 분주하게 보냈다.

"학예회가 뭐하는 날이야?"

"학교의 모든 학생들이 모인 앞에서 그동안 준비한 공연을 하고 보면서 함께 즐거운 시간을 나누는 거야. 충성아, 넌 북한에서 이런 거 해본 적 없어?"

"충성의 노래 모임을 말하는 거구나!"

"그게 뭐야?"

"김일성, 김정일 생일이나 소년단 창립절 그 밖에 명절 때 학급별로 시 낭송, 노래 모임, 악기 연주 등을 하는 게 있어. 방학 때 하기도 해."

"그럼 재미있었어?"

"연습할 때 친구들이 친해져서 재미있기도 해. 하지만 내용이 주로 수령과 당에 충성하라는 거야."

"수령과 당이라고? 우리랑 많이 다르구나. 이번 학예회 우리 즐겁게 하자."

17 생일파티

오늘은 내 생일이다. 나는 생일파티에 충성이를 집으로 초대했다. 충성이는 생일 선물을 준비해서 우리집으로 왔다.

 "유나야 생일 축하해. 이건 선물이야."

"고마워 잘 쓸게. 어서 와서 파티하자."

유나 어머니께서 나오셔서 충성이를 맞아 주셨다.

"충성아 어서와. 유나에게 이야기 많이 들었다. 와! 선물도 준비할 줄 아는구나?"

"여기에 와서 엄마네 회사 친구분 집에 따라갔을 때 선물을 준비하는 모습을 보고 선물 주는 걸 알게 되었어요."

"북한에선 생일파티를 어떻게 하니? 미역국은 끓여 먹니?"

"아니 미역국을 먹지 않아. 그리고 특별히 생일파티를 하진 않아. 생일날 가족끼리 떡국을 먹거나 만두를 빚어 먹기도 해. 지짐(부침개)을 부쳐 먹기도 하고."

초대받은 친구들이 모여 생일축하 노래를 불렀다. 충성이도 그 노래를 따라 불렀다.

"생일 축하합니다~ 생일 축하..."

"이 노래는 언제 배웠니? 북한에선 생일파티가 없다고 했잖아."

"여기 하나원 와서 하나둘 학교에서 배웠어. 노래가 짧아 쉽게 배울 수 있었어."

"아, 그렇구나. 북한에선 생일파티가 없다니 안타깝다."

18 아이들의 꿈

오늘은 진로교육 시간이 있는 날이다. 선생님께서는 미래에 어떤 직업을 가지고 싶은지 미리 생각해보고 그 직업에 대해 알아오는 숙제를 내주셨다.

"난 연예인을 할 건데 넌 뭘 할 거니?"

"난 축구선수를 할 거야. 그래서 방과 후 활동도 축구부에 들어갔어."

"북한에서부터 축구선수가 되는 것이 꿈이었니?"

"그럼. 난 축구가 정말 좋아. 부모님도 내가 축구선수 되는 걸 응원해 주셨어.
유나야 너는 연예인이 되고 싶은 이유가 뭐야?"

"연예인이 되면 유명해지고 돈도 많이 벌고 즐겁게 살 수 있을 것 같아. 그러는
너는?"

"그냥 축구하는 게 좋아서! 돈을 많이 벌거나 유명해지고 싶은 건 아니야. 난 축구
선수가 되어서 당과 수령에게 충성하고 싶었어."

"그럼, 북한 아이들은 자라서 무엇을 주로 하고 싶어 하니? 남한에서는 연예인, 의
사, 선생님이 되고 싶어 해."

"북한에서는 과학자, 외교관, 체육인이 되고 싶어 해."

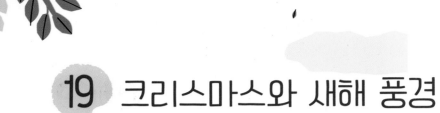

19 크리스마스와 새해 풍경

오늘은 크리스마스 이브이다. 충성이와 나는 반 친구들과 함께 주스전문점인 카페에 모여서 크리스마스 파티를 하기로 했다. 다같이 모여 케이크와 피자를 놓고 웃고 떠들었다.

"애들아, 난 아직도 이렇게 모여서 파티하는 게 낯설어. 북한에서는 소년단과 같은 조직활동으로 모이지 개별적으로 모여서 파티하는 것은 없어."

"북한에도 크리스마스는 있지?"

"아니 크리스마스라는 것이 없어. 여기에 와서 알았는데 북한에서는 미국과 자본주의 세계 문물이라고 가르쳐 주지 않아."

"우리집은 새해 아침에 남산으로 해돋이 보러 갈 건데 같이 갈래?"

"그래 같이 가자. 그런데 해돋이는 왜 보러 가는 거야?"

"1월 1일에 뜨는 해를 보면서 소원을 빌고, 새해맞이 다짐을 하러 가는 거야. 북한에선 소원을 빌거나 하지 않니?"

"해를 보면서 소원을 빌지는 않아. 대신에 학교나 김일성 동상 앞에 전체 학생들이 모여서 '충성의 맹세모임'을 해. 한 해 동안 당과 국가를 위해 열심히 살기로 다짐하는 모임이야."

"남한과는 많이 다르구나. 그럼 새해를 기념해서 떡국은 먹니?"

"새해라고 특별히 먹는 음식 같은 건 없고, 감자떡과 농마국수를 먹어."

"그럼 어른들께 세배하고 세뱃돈은 받아?"

"세배? 그런 건 없어. 그러니 세뱃돈도 없어."

20 졸업식(북한의 학교 소개)

오늘은 나와 충성이가 초등학교를 졸업한다. 마음이 들떠서 아침 일찍 일어나 학교에 갔다. 충성이도 이미 학교에 와 있었다.

"유나야, 졸업을 한다고 하니 마음이 이상하다. 북한에 있는 우리 아빠랑 고모들이 함께 있었다면 무척 기뻐하셨을 텐데."

"그래, 그러셨을 거야. 대신에 너에게는 나와 많은 친구들이 있잖아."

"유나야, 여기서는 졸업식을 어떻게 하니?"

"졸업식장이 꾸며지고 부모님과 후배들의 축하를 받아. 그리고 나서 교장선생님의 말씀을 듣고, 졸업장, 꽃다발을 받지. 북한에서는 졸업식을 어떻게 하는데?"

"내가 북한에서 2학년을 다닐 때 보니 졸업식 때 부모님들이 오셔. 그렇지만 후배들이 축하해주는 것은 없어. 운동장에 모여서 교장선생님이 졸업을 축하하고 선포해. 그리고 담임선생님이 직접 손으로 만드신 종이꽃을 어머니들에게 주고 그걸 어머니들이 졸업생 가슴에 달아주셔. 그리고 나서 선생님이 성적증명서를 나눠주면 그걸로 졸업식이 끝나."

"졸업식이 끝나고 맛있는 걸 먹으러 가는데 북한에서도 그렇게 하니?"

"북한에서도 지역에 따라 졸업식이 끝나고 함께 떡 같은 것을 준비해서 나눠 먹기도 했어. 하지만 여기처럼 가족별로 외식을 하지는 않아."

충성이가 들려주는 북한이야기

1 교통체계(버스, 지하철, 철도)

북한의 교통체계는 주철종도(主鐵從道)가 근간을 이루고 있습니다. 즉 철도운수가 기본이며 도로운수가 그것을 보완하는 형식이에요. 남한과는 정반대의 모습이지요.

북한의 교통운수에서 철도가 차지하는 역량은 여객수송의 약 95%를 철도가 담당하고 있는 것만 보아도 알 수 있어요. 그러다 보니 남한처럼 여객열차의 편성이 4~6량, 6~12량, 이렇게 되어 있는 것이 아니라 무조건 10~13량으로 편성되어 있어요.

이런 편성이 평양을 중심으로 전국의 각 지역으로 순환하는 것이 북한의 철도운수 체계예요. 예를 들면 평양-두만강 열차, 평양-신의주 열차, 평양-청진 열차, 평양-온성 열차, 평양-단천 열차, 평양-무산 열차 등의 형식을 띠고 있어요.

여기에 지역을 순환하는 열차들이 편성되어 전국의 교통운수를 기본적으로 철도가 담당하고 있어요. 예를 들면 청진-청진 열차는 함경북도를 한 바퀴 순회하면서 여객수송을 담당하고 만포-혜산 열차는 이 지역의 구간을 담당하며 단천-사리원 열차는 이 구간을 왕복하면서 여객수송을 담당해요. 그 외에 화물열차들이 석탄과 목재, 시멘트, 철강재, 건축자재 등을 운송하고 있어요.

버스는 현재 거의 운행하는 구간이 없어요. 1980년대 초반까지만 해도 일부 지역에서 버스운송이 정기화되었지만 이후 차량의 부속품 문제와 에너지 문제가 겹치면서, 특히 고난의 행군으로 불리는 대기근을 지나면서 북한의 버스교통체계는 사실상 올스톱되었어요. 수도 평양도 버스운송체계가 이 시기에 거의 정지되었어요. 오직 외국인 관광객들이 지나다니는 평양의 가장 중심지역에만 버스를 운행시키지만 그것도

아침, 저녁 출근시간에 한정되어 운행하고 있어요.

지하철은 수도 평양에만 있어요. 3개의 노선에 걸쳐 10여 개의 전철역을 가지고 총 노선이 25킬로미터가 채 되지 않는 구간을 운행하고 있어요. 평양의 지하철은 여객수송을 기본으로 설계되었다기보다는 보여주기를 목적으로 건설된 공간이에요. 물론 아침, 저녁으로 시민들을 실어나르지만 그보다는 지하철 역을 웅장하게 만들어 해외 관광객들에게 선전하기 위한 선전용으로 운영하는 측면이 더 크다고 할 수 있어요.

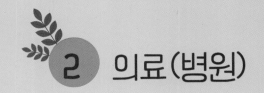

북한의 의료체계에서 중요한 것은 '전민무상치료제'라는 것이었어요. 그동안 북한은 누구나 돈 한푼 들이지 않고 치료받을 수 있는 것이 사회주의의 우월성이라고 늘 선전해 왔지요.

대도시마다 지방의 도, 시, 군, 그리고 탄광지역과 광산지역마다 병원이 있고 이외에도 어촌과 농촌에 진료소를 비롯한 위생시설을 갖추고 있어요. 하지만 병원시설이 매우 열악한데 대부분이 1960~1980년대 구소련과 동유럽의 사회주의 국가들에서 무상 지원받은 것들이에요. 그러다 보니 부품의 부족과 에너지(전기) 부족으로 거의 가동을 하지 못하는 데다 이제는 너무 오래되어서 기구들이 잘 작동하지 못하고 있어요. 그리고 중증치료에 쓰이는 신약들과 여러 감염병에 쓰이는 약들을 사회주의 국가들에 의존하고 있었는데 냉전이 붕괴되고 사회주의 국가들이 개혁과 개방을 택하면서 이 나라들의 지원이 중단되었어요.

그래서 현재 수도 평양의 보여주기식 병원을 제외하고는 각 도, 시, 군, 지역의 병원들은 심각한 약품 및 설비난을 겪고 있어요. 약품을 병원에서 공급하지 못하니 의사들이 환자에게 시장에서 약품을 사와 병원에서 주사 맞도록 하고 있고 시장에서 파는 중국과 일본산의 약품들도 정품이 아닌 가짜가 많아 일부 사망사고도 발생하면서 병에 걸리지 않는 것이 얼마나 다행인지 모를 정도의 공포가 확산되어 있어요. 설비들은 잦은 정전으로 가동되지 못하고 컴퓨터를 비롯한 현대식 진료시설들은 아직 갖추지 못한 상태에요.

북한에서는 개인주택이 없어요. 주택은 전부 국가의 소유랍니다.

하지만 국가가 전국의 모든 주택건축과정에 개입하는 것은 아니에요. 국가에서 지어준 주택도 있지만 대부분은 도, 시, 군, 탄광, 광산, 지역의 산업기관과 농어촌에서 자체로 건축하는 것들이에요. 그러다 보니 주택의 질은 별로 좋지 않아요. 평양의 광복거리, 문수거리, 미래과학자거리, 창전거리 등은 국가가 자재와 설비 등에 대해 투자를 하지만 이를 제외한 지역의 살림집과 건축물은 그 지역 자체의 자재로 하는 경우가 대부분이에요. 그러다 보니 건축의 질이 낮아질 수밖에 없어요.

창문틀, 출입문틀 등은 설치도 못한 채 살림집에 입주하는 세대들이 알아서 해결해야 해요. 수도꼭지, 부엌아궁이 등도 마찬가지로 입주 세대가 스스로 해결해요. 건축자재난으로 석탄재에 약간의 시멘트를 섞어서 나무틀에 찍은 블로크와 벽돌, 그리고 그것마저도 여의치 않은 경우에는 토피(흙과 벼짚 등을 섞어 나무틀에 찍은 흙벽돌)를 사용하는 살림집도 많아요. 그런 집들은 장마철과 추운 겨울이 되면 부서지거나 무너지고 비가 많이 새서 수리작업이 만만치 않아요.

4 군대

북한의 군대는 1932년 4월 25일 김일성이 만주에서 항일혁명군을 창건했다는 날과 해방 이후 1948년 2월 8일 북한에서 혁명무력을 창건했다는 것에 뿌리를 두고 있어요.

북한에서는 보통 만 17세에 대부분 군대에 가요. 대학에 입학했다가 공부하던 도중 군대에 지원해서 가는 군입대와 탄광과 광산, 그 밖의 직장에서 일하다가 지원해서 가는 입대방식이 있어요.

북한의 군 복무 기간은 남자의 경우 11년, 여자의 경우 7년이에요. 참고로 2015년 이전에는 남자 10년, 여자 6년이었어요. 기계화병종, 항공, 각종 기계장비 등에 복무하는 사람들일수록 복무연한이 더 길어져요. 이외에 해상육전대와, 항공육전대, 경보병 등의 경우에도 복무기간이 길어요.

참고로 북한의 군대에서는 그 긴 복무기간 동안 휴가가 딱 한 번밖에 없어요. 길게는 2주에서 짧게는 5~6일이에요. 10년 동안 부모님과 가족의 얼굴을 한 번밖에 볼 수 없는 것이지요.

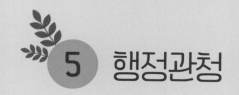

　북한의 행정관청을 살펴보면 평양에는 중앙관청들(국무원 – 옛 정무원, 내각 등 – 과 그 소속기관들, 그리고 검찰과 법원, 재판소)을 비롯한 기관들이 있고 지역의 도와 시, 군들에는 인민위원회와 경제위원회, 행정위원회 등이 있어요. 당의 외곽단체로 는 소속되어 있는 사로청(청년기관)과 여맹(여성), 그리고 직맹(노동자), 농근맹(농민)들의 업무를 주관하는 기관들이 있어요.

　북한의 행정관청은 어디라 할 것 없이 조선노동당의 지도와 통제를 받고 있어요. 당을 벗어나 독자적인 행정업무를 수행하는 부서는 북한에 존재하지 않아요.

6 언론과 방송

　남한은 언론과 방송이라고 한다면, 북한은 '출판보도'라고 불러요. 출판보도를 분류하면 신문, 통신, 라지오방송(라디오방송), tv방송, 잡지, 도서, 전자출판보도물로 나누는데 여기서 출판보도물이란 출판물과 보도물 두 가지를 합쳐서 쓰는 말이에요. 출판물은 인쇄물, 등사물, 타자물, 복사물들을 통틀어 말하며, 여기에는 신문, 잡지, 도서, 교과서, 선전선동자료, 력서(달력), 선전화, 화첩 지도 등이 속해요. 보도물에는 신문, 통신, 방송, 시사잡지 등이 있고 이를 가리켜 대중보도수단이라고 불러요.

　북한에서 발간되는 신문은 발간 주기에 따라 일간신문, 주간신문, 순간신문, 반월간신문으로 나뉘어요. 주요 신문에는 『로동신문』, 『민주조선』, 『청년전위』, 『평양신문』, 『교육신문』, 『체육신문』, 『문학신문』, 『인민보건』, 『철도신문』, 『새날』, 『소년신문』, 그리고 각 지방신문이 있어요. 평양시보는 대외신문으로 영문판 『The Pyongyang Times』가 있고 총련과 그 외 산하에서 발행되는 『조선신보』, 『조선소년』, 『朝鮮商工新聞』이 있어요.

　북한에는 국가통신으로서 『조선중앙통신』이, 해외교포통신으로서 일본에 있는 『조선통신』이 있어요.

　라디오 방송에는 '조선중앙방송'과 '평양방송', '평양 FM방송' 그리고 대외방송이 있고요. TV방송에는 '조선중앙TV방송', '조선교육문화TV방송', '만수대TV방송'이 있어요. 이 TV방송은 모두 국가가 운영해요.

　잡지에는 정치이론잡지로서 『근로자』와 『대중종합잡지』, 『천리마』가 있고, 대중교

양잡지에는 『조선녀성』, 『로동자』, 『농업근로자』, 『대학생』, 『청년생활』, 『새세대』가 있어요. 그 외에도 과학기술잡지와 문예잡지, 교육잡지, 체육잡지들이 있어요.

북한에서 도서는 저작집, 로작단행본, 선집, 문헌집, 전집, 교양도서, 사회과학도서, 자연과학 및 기술도서, 교육도서(교과서, 참고서), 문학예술도서, 단행본, 사전, 편람, 민족고전, 지도첩 등으로 구분해요.

북한은 사회주의체제예요. 북한의 체제, 주민의 삶을 규정하는 결정적인 요소가 되는 것이 사회주의인 것이지요. 전통적인 사회주의체제에서는 사적인 경제행위들은 철폐되어야 할 낡은 유물로 거부돼요. 집단주의적 가치관을 중요시하는 사회주의체제에서 개인주의적인 가치관을 강화할 수 있기 때문이지요.

전후 북한은 급격한 사회주의적 개조를 실행하면서 '상품이 유통되는 시장'의 존재는 전면적으로 부정하고 국가의 계획적 상품공급을 공식 정책으로 했어요. 따라서 될 수록 상점을 줄이고 시장을 없앴어요. 유일하게 시장으로서의 기능을 한 것은 '농민시장'으로, 개인부업으로 생산된 농산물과 축산물의 일부를 농민들이 일정한 장소를 통하여 주민들에게 직접 파는 상업의 한 형태로서 지역마다 5일장, 10일장의 형식으로 1990년대 초반까지 남아 있었어요.

'농민시장'은 1990년대 경제난과 식량난이 심화되면서 시장의 형태가 급격히 변화되었어요. 국가의 공급체계가 무너지면서 일반주민들 대부분이 곡식과 생필품을 농민시장을 통해 얻게 되었지요. 비공식적인 암시장(장마당)이 급속히 확산되면서 북한은 2002년 경제개혁조취를 취한 데 기초하여 2003년 기존의 '농민시장'을 '시장'으로 명칭을 바꾸고 유통물자도 농축산물에서 공업제품으로까지 확대했어요. 그리고 기존 '농민시장' 건물을 증축 또는 개조해서 '시장'의 내외관을 정리하고 거래되는 물품또한 국영기업소와 협동단체들도 이 '시장'에서 상품을 구매·판매할 수 있게 허용했지요. 하지만 이 '시장'에서 거래되는 상품들 대부분이 중국산 제품으로 국내산 제품은

찾기가 어려웠어요. 국내산 상품은 옷, 신발, 비누, 치약, 칫솔, 화장품, 학습장, 연필 정도였고 그것 역시도 개인이 부업 또는 수공업으로 생산한 것으로 중국산에 비해 상품의 질이 많이 떨어졌다고 해요.

북한은 이러한 '시장'활동에 적극적으로 개입했는데, 세금 징수가 그 예예요. 즉 상인들은 자릿세에 해당하는 '시장이용료'를 내야 했고 수입에 따른 '국가납부금'을 바쳐야 했어요. 다만, '국가납부금'의 경우 평양과 지방에서 내는 금액이 같지는 않았어요.

현재 북한에서 '시장'은 초기의 소비재시장에서 더 나아가 자본·금융시장, 노동시장으로 발전했어요. 현재 북한 주민의 상품 구입 경로를 살펴보면, 시장을 통한 구입이 94%를 차지한다는 점에서 북한에서의 시장이 갖는 위치와 중요성을 확인할 수 있답니다.

8 자원과 무역

북한은 산이 많은 지형을 이루고 있으며 낭림산맥이 주축을 이루고 있어요. 산악지대가 많아 산악 관광자원이 풍부하고 내륙지방에는 다양한 지하자원이 분포되어 있지요. 북한에는 현재 220여 종 이상의 유용광물이 부존해 있는 것으로 알려져 있어요. 이 중 매장량과 생산량을 고려해 경제적 개발 가능성이 있는 광물만 해도 43종이나 되며, 남북 매장량 비교가 가능한 광물만 해도 20종에 달해요. 사전에 의하면, 북한의 지하자원 구분은 금속지하자원, 비금속지하자원, 가연성지하자원, 지하수자원, 지열자원 등으로 나뉜다고 해요. 북한에서 나는 지하자원 중 세계 10위권 이내에 드는 중요 광물은 중석, 몰디브덴, 마그네사이드, 흑연, 금, 운모 등이며 이외에도 철, 은, 연, 아연, 알루미늄, 석탄 등도 풍부하게 매장되어 있어요. 철광은 무산, 허천, 이원, 덕성, 개천, 강서, 은율, 재령 등에, 특히 북부 내륙지역에 많은 양이 매장되어 있고, 석탄은 함경북도의 동북부와 평안남도의 동북부에 많이 매장되어 있어요. 하지만 산업시설들이 극도로 노후화되어 있어요.

북한은 냉전상황이 붕괴된 후 자신의 한정된 자원을 적극적으로 활용하여 경제적 어려움을 극복하고 있어요. 김정은 집권 이후 북한은 무연탄 등 광물자원의 수출과 노동력 수출을 대폭 늘리고 이를 통해 외화를 벌어들이고 있어요. 특히 수출에서 무연탄, 철광석, 아연 등 광물자원 수출이 60%의 높은 비중으로 1위를 차지하고 최근에는 노동력을 활용하는 의류 및 위탁가공 제품이 2위, 수산물이 3위순으로 많은 비중을 차지해요. 하지만, 주로 거의 중국에게만 수출을 하는 구조로 성장하고 있어서 대외무역의 수출 대상국이 적다는 한계를 가지고 있어요. 이로부터 북한은 중국과 경제특구 공동개발, 투자 협력, 접경지대 인프라 연결 협력, 노동력 수출 협력, 관광협력 등 다방면의 경제관계를 맺고 있어요.

북한은 지리적으로 중국, 러시아와 국경을 마주하고 있어요. 백두대간인 낭림산맥이 북쪽에서 남쪽으로 뻗어내려 이로부터 서쪽으로 강남산맥, 적유령산맥, 묘향산맥, 언진산맥, 멸악산맥 등이 펼쳐져 있고 함경북도에서 함경남도에 걸쳐 함경산맥과 부전령산맥 등이 낭림산맥과 이어져 북부와 동부가 높고 서부와 남부로 오면서 점차 낮아지는 형태를 취하고 있어요. 특히 평안북도의 묘향산과 함경남도의 함흥을 연결하는 선의 이북지방은 고산지대를 형성하여 백두산(2,750m), 관모봉(2,540m), 북수백산(2,521m), 남포태산(2,433m), 와갈봉, 차일봉, 두운봉, 백산, 운령, 대연지산, 낭림산 등 2,000m가 넘는 산만 해도 50여 개나 돼요. 이처럼 경지면적에 비해 숲과 들판의 면적이 상대적으로 넓어요.

북한의 행정구역은 현재 1개의 직할시(평양직할시), 2개의 특별시(나선특별시, 남포특별시), 9개 도(황해남도, 황해북도, 강원도, 평안남도, 평안북도, 함경남도, 함경북도, 자강도, 양강도), 37구역, 2구, 5지구로 되어 있어요.

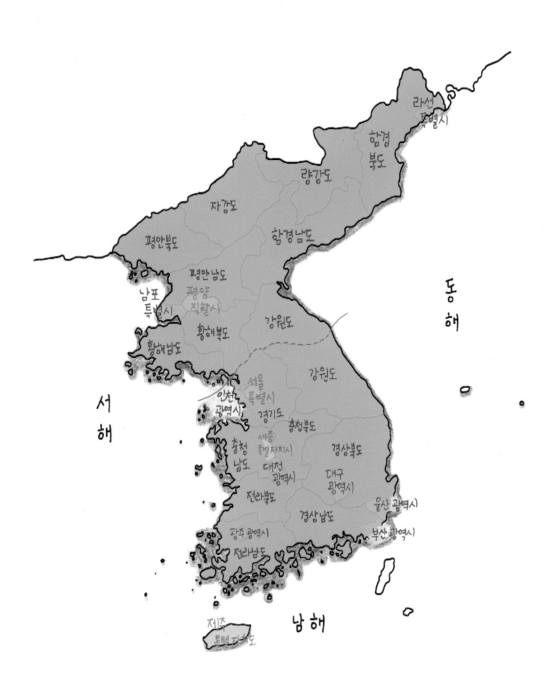

라선
특별시

함경
북도

량강도

자강도

함경남도

평안북도

평안남도

평양
직할시

남포
특별시

강원도

황해북도

황해남도

동
해

강원도

서울
특별시

인천
광역시

경기도

충청북도

세종
특별자치시

충청
남도

대전
광역시

경상북도

전라북도

대구
광역시

울산 광역시

경상남도

광주 광역시

부산 광역시

전라남도

서
해

제주
특별자치도

남 해

결론

통일의 필요성

우리가 살고 있는 한반도는 휴전선을 경계로 남쪽에는 남한이, 그리고 북쪽에는 북한이 자리를 잡고 있어요. 남북한이 이러한 분단 상황을 극복하고 하나의 국가로 통일을 한다면 어떤 좋은 점이 있을까요? 가장 먼저 생각할 수 있는 것은, 60년이 넘는 기간 동안 서로 만나지 못했던 이산가족들이 다시 만나 함께 살아갈 수 있다는 거예요. 이와 함께 몇 가지 좋은 점을 더 생각해 볼 수 있어요.

하나는 남북한에 살고 있는 주민들이 전쟁의 공포 없이 평화롭게 살아갈 수 있어요.

1950년 6월 25일 시작되어 1953년 7월 27일까지 치열하게 전쟁을 벌였던 남과 북은 전쟁을 잠시 쉬자는 휴전협정을 맺고 전쟁을 잠시 중단하기로 했어요. 그 이후 2018년 현재까지도 남한과 북한은 전쟁을 완전히 끝내지 못한 채 휴전상태를 지속하고 있지요. 휴전선을 중심으로 북한에는 120만명의 군인이, 남한에는 62만명의 군인이 총을 들고 전쟁에 대비하고 있어요. 이렇게 많은 군인들과 무기들이 있어 예상하지 못한 순간에 전쟁이 일어날 수 있어요. 우리 정부는 전쟁에 대비하기 위해서 매년 40조원이라는 어마어마한 세금을 국방비로 지출하고 있어요. 특히, 북한이 초강력 무기인 핵무기까지 보유하고 있기 때문에 남북한 사이에 전쟁이 일어난다면 우리가 살고 있는 한반도는 인간이

살 수 없는 지역이 되고 말 거예요. 남북한이 평화롭게 통일을 한다면, 한반도
에 살고 있는 남북한 주민들이 더 이상 전쟁의 무서움 속에서 살아가지 않아
도 돼요.

다음으로, 전쟁준비로 힘빼지 않고 경제적으로 부강한 나라가 될 수 있어요.

남한은 북한과의 전쟁에 대비해서 매년 40조원 이상의 어마어마한 돈을 쓰고 있
어요. 그리고, 열심히 대학에서 공부하거나 일터에서 일해야 할 남북한의 젊은 청년
180만명 이상이 군인으로 생활하고 있어요. 남북한이 통일된다면, 국방비로 쓰이는
돈 중에서 많은 돈을 경제를 발전시키고 사람들이 행복하게 살 수 있는 곳에 사용할

수 있을 거예요. 또 100만명 이상의 청년들이 군대에 가지 않고 일하게 되면서 경제 발전을 이룰 수도 있어요.

남한은 세계 11위의 무역대국이며, 세계 최고의 원자력 발전, 철강, 석유화학, 자동차, 휴대폰, 반도체 생산기술을 가지고 있어요. 한편 북한지역에는 엄청난 규모의 다양한 천연자원이 매장되어 있어요. 금, 철, 석탄, 마그네사이트 등의 천연광물자원이 풍부하며, 마그네사이트의 경우 전 세계 매장량의 50%를 차지하고 있다고 해요. 그리고, 동해 지역에 500억 배럴 이상의 원유가 있는 것으로 알려져 있어요. 남북한이 통일되어, 남한의 우수한 기술과 북한의 풍부한 천연자원을 합해 물건을 만들어 판다면 한반도 전체가 잘 사는 시대가 올 거예요.

또, 한반도는 태평양 바다와 유라시아 대륙을 연결하는 중간지점에 있어요. 남북한이 통일되어 남한의 도로와 철도가 북한 지역과 연결된다면, 기차와 자동차를 타고 중국, 러시아를 거쳐 유럽까지 갈 수 있어요. 사람뿐만 아니라 물건도 도로와 철도

로 이동할 수 있게 되면서, 한반도는 일본, 중국, 러시아, 동남아시아의 물건과 사람들이 모여드는 무역과 교통의 중심국가가 될 거예요.

남북정상회담과 합의

❶ 2000년 1차 남북정상회담과 6.15 공동선언

김대중 대통령과 북한의 최고지도자 김정일 국방위원장은 2006년 6월 13일부터 15일까지 3일간 북한의 수도 평양에서 제1차 남북정상회담을 했어요. 이 정상회담은 남한과 북한이 분단된 이후 처음으로 이루어진 것이라서 많은 국민들에게 기쁨과 흥분을 가져다주었어요. 이 회담에서 남북 두 정상은 6.15공동선언에 합의했어요. 이 공동선언은 5개 항으로 구성되어 있으며, 3가지 중요한 내용을 담고 있어요.

첫째, 남한과 북한은 통일문제를 그 주인인 우리 민족끼리 서로 힘을 합쳐 '자주적'으로 해결해 나가기로 하였다. 그리고, 남한의 '연합제' 방안과 북한의 '낮은 단계 연방제' 방안이 서로 공통성이 있다고 인정하고 앞으로 이 방향에서 통일을 지향시켜 나가기로 하였다.

❷ 이는 그동안 남과 북이 서로 싸우는 것을 중단하고 서로를 인정하고 통일을 위해 노력하기로 합의했다는 뜻이에요.

→ '자주적'이란 남북한이 다른 나라의 영향을 받지 않고 모든 것을 스스로 결정한다는 거예요. '연합제'는 남한과 북한이 각각 독립국가로서 서로 다른 체제와 정부를 가지고 통일지향적인 협력관계를 가지는 형태이며, '낮은 단계 연방제'는 하나의 통일된 독립 국가 안에서 남한과 북한이 각각 지방정부를 구성하고, 이 지방정부가 국방과 외교 권한을 가지는 형태를 의미해요.

둘째, 8월 15일 광복절에 즈음하여 이산가족, 친척 방문단을 교환하고, 비전향 장기수 문제를 해결하는 등 인도적 문제를 빨리 풀어 나가기로 하였다.

◉ 이는 분단으로 인해 나뉘어 살아온 사람들을 만나게 하겠다는 뜻이에요.

셋째, 남북 경제협력을 통하여 민족경제를 균형적으로 발전시키고 사회, 문화, 체육, 보건, 환경 등 제반 분야의 협력과 교류를 활성화하여 서로의 신뢰를 다져 나가기로 하였다.

◉ 이는 남과 북이 경제발전과 다양한 교류, 협력을 통해 믿음을 쌓아가기로 약속했다는 뜻이에요.

❷ 2007년 2차 남북정상회담과 10.4 공동선언

노무현 대통령은 2007년 10월 2일부터 4일까지 3일간 북한의 수도 평양을 방문하여 북한의 최고지도자 김정일 국방위원장과 정상회담을 했어요. 원래 이 회담은 10월이 아니라 8월에 개최하기로 합의되어 있었는데 8월에 북한에서 큰 홍수가 나서 10월로 연기된 거예요. 1차 정상회담 때, 김대중 대통령은 비행기를 타고 북한을 방문했지만 2차 정상회담 때, 노무현 대통령은 걸어서 남북 군사분계선을 넘었고, 자동차를 타고 평양개성고속도로를 달려 평양에 도착했어요.

2007년 10월 4일, 노무현 대통령과 김정일 국방위원장은 '남북관계 발전과 평화번영을 위한 선언(10.4선언)'을 공동 발표했어요. 이 선언은 8개 항으로 구성되어 있으며, 3가지 핵심사항을 담고 있어요.

첫째, 남북은 2000년에 합의된 6.15공동선언을 고수하고 적극적으로 실현해 나간다. 그리고, 남북은 사상과 제도의 차이를 초월하여 남북관계를 상호존중과 신뢰 관계로 확고히 전환시켜 나간다.

> 이는 앞선 6.15공동선언을 보다 발전시켜 나가기로 약속하겠다는 것이에요.

69

둘째, 남북은 적대적인 관계를 끝내고 한반도에서 긴장완화와 평화를 보장하기 위해 긴밀히 협력해 나가기로 하였다. 그리고, 남북 정상은 현재의 정전체제(전쟁이 일시 중지된 상태)를 끝내고 항구적인 평화체제를 구축해 나가야 한다는 데 인식을 같이 하였다.

> 🔘 이는 남북한이 전쟁을 잠시 쉬고 있는 휴전이 아니라 아예 전쟁을 끝내는 것이 필요하다는 것을 같이 생각했다는 것이에요.

셋째, 남북은 민족경제의 균형적 발전과 공동의 번영을 위해 경제협력사업을 적극 활성화하고 지속적으로 확대 발전시켜 나가기로 하였다.

> 🔘 이는 남북한이 보다 더 잘 살기 위해 다양한 노력을 하겠다는 것이에요.

❸ 2018년 3차 남북정상회담과 판문점 선언

2018년 4월 27일 문재인 대통령과 북한 김정은 국무위원장이 남북 경계지역에 있는 작은 마을인 판문점에서 3차 정상회담을 했어요. 김정은 국무위원장은 북한 최고지도자로서는 처음으로 남한 지역으로 넘어왔어요. 문재인 대통령은 판문점 남북 경계선까지 나가서 김정은 위원장을 직접 맞이했어요.

이전 2차례의 남북정상회담과 달리, 3차 정상회담은 4월 27일 단 하루 동안 판문점 남한 지역에 있는 평화의 집에서 진행되었어요. 이 회담에서 두 정상은 '한반도의 평화와 번영, 통일을 위한 판문점 선언'에 합의했어요. 이 선언에는 3가지 핵심 내용이 담겨져 있어요.

첫째, 남북은 남북관계의 전면적이며 획기적인 개선과 발전을 이룩함으로써 끊어진 민족의 혈맥을 잇고 공동번영과 자주통일의 미래를 앞당겨 나갈 것이다.

> ◎ 이는 남북한이 서로 교류하고 협력해서 평화로운 가운데 잘 사는 나라를 만들고, 통일을 해 나가겠다는 것이에요.

둘째, 남북은 한반도에서 첨예한 군사적 긴장상태를 완화하고 전쟁 위험을 실질적으로 해소하기 위하여 공동으로 노력해 나갈 것이다.

> ◎ 이는 남북한이 서로 총부리를 겨누고 있는 상태에서 벗어나 평화를 만들기 위해 노력하겠다는 것이에요.

71

셋째, 남북은 한반도의 항구적이며 공고한 평화체제구축을 위하여 적극 협력해 나갈 것이며, 완전한 비핵화를 통해 핵 없는 한반도를 실현해 나갈 것이다. 그리고, 남북 정상은 한반도에 더 이상 전쟁은 없을 것이며, 새로운 평화의 시대가 열렸음을 남북 8천만 겨레와 전 세계에 엄숙히 천명하였다.

> ◉ 이는 전 세계에 남북한이 더 이상 전쟁하지 않고, 핵무기 없이 평화롭게 살아가겠다는 약속을 한 거예요.

앞으로 남과 북의 정상들이 다시 만나 어떤 약속을 하게 될까요?

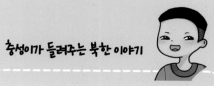

2000년	2007년	2018년	2018년
남북정상회담 6·15 공동선언	남북정상회담 10·4 공동선언	남북정상회담 판문점 선언	남북정상회담 9·19 평양공동선언
• 통일문제를 우리 민족끼리 자주적으로 해결하기로 함 • 이산가족, 친척방문단 교환, 비전향 장기수 문제 해결 • 남북 경제 협력 및 문화교류 활성화 통한 신뢰 구축	• 2000년 6·15 공동선언을 적극 실현해 나가기로 함 • 남북의 적대적 관계 끝내고 긴장완화와 평화 위해 협력 • 경제협력사업 적극 활성화, 지속적으로 확대·발전	• 남북관계의 획기적 개선, 공동번영과 자주통일 앞당김 • 첨예한 군사적 긴장 완화하고 전쟁 위험 해소 위해 노력 • 완전한 비핵화 및 항구적 평화체제 구축 위해 협력	• 판문점선언을 철저히 이행하여 남북관계를 새로운 높은 단계로 진전시키기 위한 제반 문제들과 실천적 대책들을 논의함 • 군사적 적대관계 종식 논의 • 남북한 교류와 협력을 증대시키기 위한 대책 강구 • 핵무기와 핵위협이 없는 평화의 터전으로서의 한반도

유나가 들려주는
남한이야기

1 교통체계(버스, 지하철, 철도)

남한은 1960년대부터 경제발전을 하면서 본격적으로 교통이 발달했어요. 맨 처음 발달한 교통시설은 철도교통이었지만 시간이 지나면서 도로교통이 집중적으로 발달했어요.

1980년대와 2013년을 비교하면 도로, 철도, 고속철도, 고속도로 등 많은 교통수단이 발달했다는 것을 알 수 있어요. 특히 고속철도, 고속도로의 발달이 두드러져요.

이렇게 교통수단이 발달하면 사람들과 각종 물자의 이동이 활발해지면서 경제발전이 더욱 빨라진답니다.

예전에는 서울과 부산이 5시간 이상 걸리는 곳이었다면 지금은 2시간 30분 걸리는 곳으로 바뀐 거예요. 이러한 교통의 발달은 사람들이 통학, 통근 등과 같이 일상생활을 하기 위해 활동하는 범위인 생활권의 확대를 가져오고 있어요. 실제로 남한에서는 1970년에 개통된 경부 고속 국도가 전 국토를 하루 안에 오갈 수 있는 일일생활권으로 연결하였고 2004년에 고속철도가 개통되면서 전국이 반나절 생활권으로 접어들었어요.

이러한 교통의 발달은 지역 간의 이동 시간이 줄어들게 했고 도시의 생활권을 확대해서 도시에 더 많은 사람들이 모여 살게 되는 이유가 되었어요.

건설산업연구원이 2016년에 내놓은 '한반도 통일이 건설산업에 미치는 영향' 보고서에 따르면, 북한의 도로는 연장 길이 2만 6164km로 남한(10만 5673km)의 25%에도 못 미치는 수준이며 간선도로는 포장률이 20%가 채 되지 않는 것으로 알려

져 있어요. 또한 통계청 자료기준으로 2012년 기준 북한의 철도길이는 총 5,299km 이며 남한의 철도길이는 3,559km로 북한이 약 1.5배 더 길어요. 남한은 도로교통이, 북한은 철도교통이 발달했다는 걸 알 수 있어요.

요즘 남과 북의 도로와 철도 연결이 논의되고 있어요. 경의선과 동해선을 연결하여 중국과 러시아를 거쳐 유럽으로 이어지는 새로운 철의 실크로드인 것이지요. 더불어 도로도 아시안 하이웨이라는 꿈을 펼치고 있어요. 이는 철도처럼 도로도 연결해서 유라시아 대륙전체로 뻗어나가려는 계획이에요. 이렇게 되기 위해서는 남북이 서로 협력해야 가능해요.

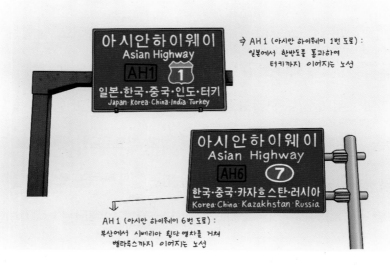

→ AH 1 (아시안 하이웨이 1번 도로) :
　일본에서 한반도를 통과하여
　　　터키까지 이어지는 노선

AH 1 (아시안 하이웨이 6번 도로) :
부산에서 시베리아 횡단 열차를 거쳐
　　벨라루스까지 이어지는 노선

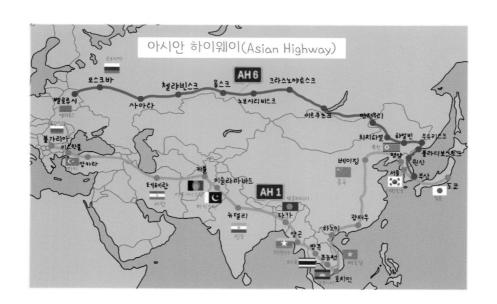

아시안 하이웨이(Asian Highway)

남한은 2016년 3월 31일 기준으로 전국 병원 수는 3천 215개이며, 총 병상 수는 57만 8천 252개를 갖추고 있다고 해요. 대한병원협회가 발간한 '2016 전국병원명부'에 따르면 종합병원 337개(상급 종합병원 43개 포함), 병원 1천 492개, 요양병원 1천 366개, 군병원 20개라고 합니다. 병원은 동네에서 흔히 보는 병의원이 1차, 종합병원이 2차, 상급 종합병원이 3차 의료기관으로 지정되어 있어요. 많은 사람들이 3차 상급 종합병원으로 몰리는 것을 막기 위해 의료전달체계라는 제도도 운영하고 있어요. 즉 작은 병은 동네에 있는 의원에서 치료하고 병의 위중함에 따라 상급병원에서 진료받도록 하는 것이에요. 또한 1999년부터 전 국민을 대상으로 하는 건강보험 제도를 실시하고 있는데, 건강보험은 의료비 중 개인이 부담하는 것을 적게 하여 전체 국민에게 질 높은 의료서비스를 제공하기 위한 것이에요.

병원과 별개로 각 지방자치단체별로 보건소를 운영하고 있어요. 보건소는 질병의 예방, 진료 등 국민의 건강을 지키기 위해 서울특별시와 각 광역시 및 각 시·군·구에 설치한 공공 의료기관이에요. 보건소의 업무활동을 분담시키기 위하여 각 읍·면에 보건지소를 두고 있어요. 보건소에서는 여러 가지 일을 하는데, 전염병과 질병의 예방과 진료, 보건 통계와 보건 의료 정보 관리, 보건 교육, 영양 개선, 식품 위생과 공중 위생, 학교 보건 협조, 보건과 관련된 실험과 검사, 구강 보건, 정신 보건, 노인 보건 및 장애인의 재활, 의약에 대한 지도, 국민보건의 향상과 증진에 관한 일을 맡아서 하고 있어요.

남한에서는 1950년대 이후 지속적인 경제발전이 이뤄짐에 따라 다양한 형태의 주택이 발달했어요. 주택은 단독주택과 공동주택으로 분류할 수 있는데, 단독주택은 독립된 구조로 된 주택이고 공동주택은 벽, 복도, 계단 등을 함께 쓰는 주택이에요. 주로 아파트나 연립주택이 공동주택에 포함돼요.

2016 인구주택총조사에 따르면 우리나라 주택은 1,669만호이며 그중 1,003만호가 아파트인 것으로 나타났어요. 전체 주택 중 60.1%가 아파트인 것이지요. 이 비율은 꾸준하게 증가하고 있어요. 남한에 아파트가 많이 늘어나고 있다는 뜻이에요. 여러분이 살고 있는 집도 아마 대부분이 아파트일 거예요. 주택이 많이 늘어나다 보니 빈집도 늘어나고 있고 오래된 집도 늘어나고 있는 상황이에요. 사람들이 많이 모여 사는 도시의 경우 주택이 부족한 반면, 사람들이 많지 않은 촌락에는 빈집이 많아졌어요. 북한과 다르게 주택은 개인 소유로 매우 중요한 재산이에요.

오래되고 낡은 주택은 건축물 안전진단을 통해 보수공사 혹은 철거 후 재공사를 실시하고 있답니다.

남한은 국군의 뿌리를 구한말 의병과 광복군에 두고 있어요. 1948년 정부수립과 동시에 창설된 국군은 2018년 기준 육군, 해군, 공군을 합쳐 60만명이 넘는 규모를 자랑하고 있어요. 국군의 날은 국군의 위용과 발전을 기리기 위한 기념일로 매년 10월 1일이에요. 한국 전쟁 때 최초로 38선을 돌파한 10월 1일을 기념하여 국군의 날로 정했어요. 국군의 날에는 기념행사와 군의 시가행진 등 다양한 행사가 펼쳐진답니다.

신체 건강한 만 18세 이상의 남자들은 모두 군대에 다녀와야 해요. 군대에 다녀오는 기간은 시기에 따라 달라지는데 최근에는 1년 6개월(18개월)로 조정되었어요. 의무 복무하는 병사 외에 군인을 직업으로 하는 직업군인도 있으며 여기에는 여군도 포함되어 있어요. 2017년 기준 여군의 수는 10,000명이 넘었으며 전투를 지휘하는 장성이 되는 등 군대 내에서 여군의 역할이 점점 더 커지고 있어요.

군대 내 각 계급별로 월급을 받고 있으며 복무기간 중 세 번의 정기휴가와 포상휴가, 청원휴가 등의 휴가를 다녀올 수 있어요. 휴가 기간은 4~10일까지 다양해요.

남과 북의 대립으로 많은 젊은 청년들이 군대에 다녀와야 하는 안타까운 현실에 놓여 있어요. 한반도가 평화롭다면 이러한 불필요한 대립이 없어지고 군대에 다녀와야 할 시간에 청년들이 개인의 능력을 발전시킬 수 있을 거예요.

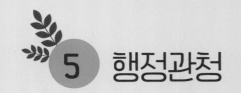

남한의 행정관청은 법을 만드는 입법부(국회), 정해진 법에 따라 일을 하는 행정부(정부), 법에 따라 잘잘못을 가르는 사법부(법원)의 삼권(입법권, 사법권, 행정권) 분립이 원칙이에요. 서로 다른 국가 기관들이 국가의 힘과 역할을 나누어 가지면 서로를 견제하며 균형 있는 정치를 할 수 있게 되고, 이에 따라 국민의 자유와 권리를 보호할 수 있어요. 입법부에는 국민의 대표인 국회의원과 국회의장이, 사법부에는 판사와 대법원장이, 행정부에는 대통령이 있어 맡은 역할을 헌법에 따라 수행해요. 모든 행정관청은 헌법에 나와 있는 국민의 자유와 권리를 보호하기 위한 역할을 다해야 한답니다.

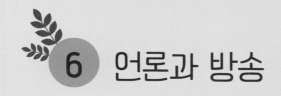
언론이란 신문이나 방송 또는 잡지와 같은 매체를 이용하여 사람들에게 어떤 정보나 생각들을 전달하여 여론을 형성하는 활동을 말해요. 흔히, 민주주의국가에서 언론은 국가의 통제를 받지 않은 채 자유롭게 활동할 수 있어요. 남한 또한 민주주의국가로서 언론의 자유를 법으로 보장하고 있어요. 이는 국민들의 표현의 자유와 알 권리를 보호하기 위해서예요. 이렇듯 국민들의 표현의 자유와 알 권리를 보장하기 위한 언론 활동으로 대표적인 것이 신문, TV 방송, 라디오, 잡지 등이 있어요.

한국신문협회에 따르면 현재 남한에서 운영되고 있는 신문사의 종류와 수는 2017년 기준 일간지 총 378개, 통신 간행물은 23개, 기타 일간지는 380개, 인터넷신문은 7,149개라고 해요. 이 밖에도 2016년 통계에 의하면 주간지, 월간지, 계간지를 포함할 경우 약 18,000여종이 넘을 정도예요. 이렇게 많은 신문과 잡지는 다루는 내용에 따라 다양한 종류로 분류될 수 있어요. 우리에게 익숙한 조선일보, 중앙일보, 동아일보, 경향신문, 한겨레신문과 같이 매일 전국 단위로 정치, 경제, 사회, 문화 등 전반의 내용을 다루는 중앙지가 있는가 하면, 한국경제신문, 매일경제신문과 같이 국내외 경제와 관련된 소식만을 다루는 경제지도 있어요. 스포츠 투데이, 스포츠 조선과 같이 스포츠 소식을 다루는 스포츠신문과 각 지역별 소식을 다루는 지방지, 그 밖의 전문분야의 지식과 소식을 전하는 전문지 등 다양한 분야의 소식을 전하는 신문이 발행되고 있어요.

방송을 살펴보면 TV방송과 라디오방송으로 나눌 수 있어요. 방송통신위원회 통계에 따르면 2016년 기준 지상파 방송 52개, 지상파 DMB 19개, 종합유선방송 90개, 중계유선방송 49개, 이 밖에도 위성방송, IPTV, 홈쇼핑 등 총 403개의 방송사가 운영되고 있다고 해요. 대표적인 TV방송으로 KBS, MBC, SBS, EBS 등이 있으며 이 밖에도 지역민방이나 지역방송, 종교방송, 교통방송, 영어방송 등이 있어요. 또, jtbc, MBN, channel A, TV조선과 같은 종합편성채널이 있어 시청자들의 기호에 따라 방송을 선택할 수 있는 폭이 넓어졌어요. 라디오방송으로는 AM 53개, FM 178개, 단파방송 2개로 총 233개의 주파수로 운영되고 있어요.

이렇듯 남한에서 언론과 방송은 과학기술과 더불어 엄청난 양적 팽창을 이루었어요. 그뿐만 아니라 인터넷 발달로 정부나 특정 기관의 몫으로 여겨진 방송의 주체가 일반인에게까지 확대되면서 자신의 생활을 대중들에게 알리는 1인 방송이 유행하고 있어요. 따라서 남한 사회에서 언론과 방송은 공식적인 통계 이외에도 비공식적 방송활동이 전개되고 있음을 감안한다면 그 수를 정확히 측정하기란 매우 어려워요.

지역 방송

Channel A   SBS

MBC   종교방송

KBS   jtbc

TV조선

EBS

TV방송

AM 53개

FM 178개

라디오방송

방송

위성방송   인터넷방송

IPTV

홈쇼핑

KOREA

1인방송

유튜브

7 시장

남한은 자유민주주의와 더불어 자본주의 시장경제체제를 채택하고 있어요. 따라서 남한에서는 개인의 권리와 이익을 중요시하며, 부의 축적은 개인의 능력에 달려 있다고 생각해요. 이렇듯 개인의 역량에 따라 번 돈은 개인이 소유할 수 있고 또한 자유롭게 처분할 수 있어요. 이를 사유재산제도라고 해요.

자본주의체제는 말 그대로 자본, 즉 돈을 중심으로 운영되는 체제예요. 돈을 벌기 위해 누군가는 물건을 생산하고 또 누군가는 자기가 일해서 번 돈으로 그 물건을 사야만 하죠. 이렇게 생산자와 소비자 간 돈을 매개로 물건을 사고팔 수 있는 곳이 바로 시장이에요. 따라서 자본주의 사회에서 시장은 매우 중요한 역할을 하며, 사람들의 삶과 밀접한 관련이 있어요. 어느 나라든 그 나라 사람들의 생활모습을 단적으로 살펴보기 위해 흔히 찾아가는 곳이 바로 시장이에요. 시장에 가면 야채를 포함한 식품들과 그들이 입는 옷, 그 밖에 필요한 생활용품들이 진열되어 있기 때문에 그 나라 사람들의 의, 식, 주 생활을 이해할 수 있어요.

역사적으로 남한의 시장은 길거리에 노점상들이 자리를 잡고 앉아 물건을 파는 재래시장이 주를 이루었지만, 도시가 발달하고 사람들이 편리한 생활을 선호하면서 깔끔한 건물에 주차시설을 갖춘 백화점이나 대형마켓이 발달하게 되었어요. 하지만, 이러한 발달에도 불구하고 재래시장은 판매자와 소비자 간 흥정을 통해 물건 값을 유연하게 조절할 수 있다는 점과 시장별 특화된 물건을 저렴한 가격에 구매할 수 있다는 장점으로 여전히 서민들이 즐겨 찾는 곳이기도 해요. 대표적으로 서울에 있는 남대문시장의 경우 보석이나 액세서리, 아동복, 그릇, 안경, 수입품과 관련한 상가들이 밀집되어 있고, 동대문시장의 경우 옷이나 옷감, 침구류, 가방 관련 상가들이 밀집되어 있어 각 시장별 차별성을 갖고 운영되고 있어요. 또한 각 지역별 시장형태를 살펴보면, 각 지역별 환경에 따른 생산물이나 특산물을 판매함으로써 타 지역사람들과 교류가 일어나는 경우도 많아요. 예를 들어 인삼의 고장인 금산의 경우 인삼시장이 발달되어 있으며, 바다를 끼고 있는 지역의 경우 생선이나 해산물을 파는 시장이 발달되어 있어요. 산간지역의 경우 녹차나 약재를 파는 시장이 발달하는 등 지역특산물 판매를 높일 수 있는 시장들이 많이 발달해 있어요.

이렇듯, 시장은 돈을 벌고자 하는 사람들이 다양한 물건을 생산해 내어 소비자들의 관심을 끌고 많이 팔릴 수 있도록 하는 것이 중요해요. 따라서 생산자들은 끊임없이 소비자들의 구매욕을 높일 수 있는 새로운 제품들을 개발하기 위해 노력하며, 소비자들은 구매여부를 통해 상품을 냉정하게 판단하고 평가해요. 따라서 자본주의에서 시장은 물건을 사고파는 단순한 소비의 장뿐만 아니라 생산자에게 끊임없는 기술혁신을 자극하고 이끌어 내는 역할도 담당하고 있어요. 다시 말해, 자본주의에서 시장은 소비를 촉진하여 경제를 발전시키는 원동력으로서 커다란 역할을 담당하고 있어요.

자원과 무역

　자원이라고 하면 흔히 땅 속에 매장된 지하자원을 의미하며 광물자원이 여기에 속해요. 우리가 사는 한반도에는 다양한 종류의 광물들이 매장되어 있어요. 한국광물자원공사의 통계에 따르면 남한에 매장된 주요 광물로는 철광석, 금, 은, 고령토, 석회석, 흑연 등이 있지만, 철광석과 같은 금속광물의 경우 매장량이 적고 품위가 낮아 대체로 수입에 의존하고 있어요. 반면 비금속광물에 속하는 석회석과 고령토는 매장량이 풍부해서 국내에서 개발되어 활용되고 있어요. 석회석의 경우 유리를 만든다거나 농작물의 영양분으로 쓰이는 비료를 생산하는 데 원료가 되는 한편, 고령토는 종이나 고무의 틈새를 메우는 데 사용되기도 하고 도자기의 원료로 사용되기도 해요. 이러한 광물자원과 더불어 남한에서는 원유, 천연가스, 석탄, 석유제품 등도 수입에 의존하고 있어요.

　이렇듯 남한의 부족한 천연자원을 수입에 의존하는 것과 동시에 기술집약적 제품의 경우 외국에 수출도 하고 있어요. 특히 반도체 관련 품목은 남한의 수출에 가장 큰 비중을 차지하고 있고, 수입한 원유를 기술을 통해 가공한 후 석유제품으로 수출을 하기도 해요. 이 밖에도 선박, 자동차, 자동차부품, 합성수지 등을 수출하고 있어요. 따라서 수출과 수입을 대비하여 볼 때 자연자원인 1차 산품의 경우 수출에 비해 5배 정도를 수입에 의존하는 반면, 물건의 부품으로 사용되는 중간재나 자본재의 경우 수입보다 수출이 더 많은 양을 차지하고 있어요.

　한국무역협회 2018년 6월 기준 통계에 따르면 남한이 교역하는 나라는 수출국이 233개국, 수입국이 240개국이라고 해요. 이러한 통계는 남한의 무역의존도가 매우 높다는 사실을 의미해요. 교역국 중 수출의존도가 높은 나라는 1위가 중국으로 13.2%를 차지하고 있으며, 이어 미국, 베트남, 홍콩, 일본, 대만 순이에요. 한편, 수입의존도는 1위 중국, 2위 미국에 이어 일본, 베트남, 대만, 홍콩, 인도 순이에요. 즉, 남한의 무역의존도가 높은 3대국은 중국, 미국, 일본임을 알 수 있어요. 남한의 이같이 높은 무역의존도는 1970년 이후 남한 경제발전에 원동력으로 작용했어요. 하지만, 무역의존도가 높다는 것은 교역국가의 경제여건에 많은 영향을 받는다는 것을 의미한다는 점에서 불안한 요소가 되기도 해요.

2017년 대한민국의 10대 수출상품

등위	상품	수출액(백만불) / 비율(%)
1위	반도체	97,937 / 17.1
2위	선박해양구조물 및 부품	42,182 / 7.4
3위	자동차	41,690 / 7.3
4위	석유제품	35,037 / 6.1
5위	평판디스플레이	27,543 / 4.8
6위	자동차부품	23,134 / 4.0
7위	무선통신기기	22,099 / 3.9
8위	합성수지	20,436 / 3.6
9위	철강판	18,111 / 3.2
10위	컴퓨터	9,177 / 1.6
합계	10대 상품 수출액	337,345 / 58.8

* 2017년 총수출액 : 573,694

2017년 대한민국의 10대 수입상품

등위	상품	수출액(백만불) / 비율(%)
1위	원유	59,603 / 12.5
2위	반도체	41,177 / 8.6
3위	반도체 제조용 장비	19,316 / 4.0
4위	천연가스	15,616 / 3.3
5위	석탄	15,179 / 3.2
6위	석유제품	15,118 / 3.2
7위	무선통신기기	13,282 / 2.8
8위	컴퓨터	11,699 / 2.4
9위	자동차	10,902 / 2.3
10위	정밀화학원료	9,875 / 2.1
합계	10대 상품 수입액	211,767 / 44.3

* 2017년 총수입액 : 478,478

자료 : 산업통상자원부, 관세청 통계자료, 출처 : 한국무역협회 홈페이지

9 지리

우리나라의 지형적 특징은 삼면이 바다로 둘러싸여 있는 반도 국가이며, 국토의 70%가 산지로 이루어져 있는 것이 특징이에요. 높은 산들은 주로 북쪽과 동쪽에 많이 분포되어 있어, 남한에 비해 북한에 백두산을 비롯한 많은 산들이 자리잡고 있으며 서쪽보다는 동쪽에 마치 공룡의 등뼈처럼 높은 산들이 위치해 있어요. 이를 한마디로 동고서저(東高西低)라 표현하기도 해요. 따라서 한반도의 북쪽에 자리한 북한에는 함경산맥과 묘향산맥을 비롯한 많은 산맥들이 동·서로 비스듬히 자리 잡고 있는 한편, 북한의 낭림산맥과 남한의 태백산맥이 동쪽으로 치우친 채 남북으로 이어지고 다시 차령산맥과 소백산맥으로 이어지면서 한반도의 웅장한 백두대간의 모습을 갖추게 되었어요.

이러한 지형적 특징 때문에 북쪽과 동쪽 산맥에서 흘러내려오는 물들은 주로 남쪽과 서쪽바다로 흘러가게 되고, 이 과정에서 강물의 하류에는 퇴적물들이 쌓이면서 넓은 평야가 발달하게 되었어요. 대표적인 예로 서쪽지역인 충청남도에는 예당평야와 논산평야가 발달되었고, 남쪽지역인 전라도와 경상도에는 호남평야, 나주평야, 김해평야 등이 발달되었어요.

이러한 자연환경 속에서 남한은 인구수를 기준으로 행정 구역을 1특별시(서울), 6광역시(부산, 대구, 인천, 광주, 대전, 울산), 8도(경기도, 강원도, 충청남·북도, 전라남·북도, 경상남·북도), 1특별자치시(세종), 1특별자치도(제주)로 나누었어요. 이렇게 나뉜 행정구역은 중앙정부로부터 벗어나 각 지역별 자치단체장들이 자율성을 갖고 지역을 운영하는 지방자치제를 시행하고 있답니다.

차 례

충성이와 유나의 이야기 -해설편-

충성이와 유나의
이야기
- 해설편 -

1 북한의 개학식과 입학식

남한과 북한의 교육은 이름과 교육기간에 약간의 차이가 있다. 남한에서의 초등학교는 북한에서 '소학교'로 불린다. 중학교는 '초급중학교', 고등학교는 '고급중학교'이다. 교육기간도 남한의 초등학교는 6년제이지만 북한의 '소학교'는 5년제이다. '소학교'는 만 6세 때 입학하며 '소학교'에 입학하기 전 유치원 2년의 과정을 거치게 된다. 북한의 유치원은 낮은반(만 4세)과 높은반(만 5세)으로 나뉘며 '높은반'부터 학전 교육이 진행된다.

북한에서는 1996년까지 9월 개교였으나 1997년부터 4월에 새 학기가 시작된다. 이듬해 3월 말이면 학년이 끝나게 된다. 한 학급당 학생 수는 보통 20~30명 정도이며, 학년별 3~6개 학급이 있다. 북한의 소학교는 2013년까지는 4학년까지였으나 2014학년에 교육개혁이 이뤄지면서 5학년까지로 변경되었다.

구분	유치원 높은반	소학교	초급중학교	고급중학교	12년제 의무교육
	1	5	3	3	

'소학교'의 개학식은 9시 30분부터 학교 운동장에서 진행된다. 이때 1학년 신입생을 맞이하는 입학식이 함께 진행된다. 신입생들은 학교 선생님들과 학부모님들, 재학생들의 환영을 받으면서 입장한다. 입학식은 교장선생님과 교감선생님의 축사가 있고 신입생과 재학생을 대표하여 2명의 학생들이 나와 선서문을 읽으며 결의를 다지는 형식으로 이루어진다. 개학식 첫날 수업은 신입생은 2교시(1교시당 40분), 그 외 학년은 4교시만 진행한다. 신입생들은 교실에서 학부모님들이 지켜보는 가운데 출석을 부르고 자기 이름을 학습장에 쓰는 과정을 거친다. 특징적인 부분은 1학년 때 학급이 정해지면 5학년 졸업할 때까지 담당교사(담임선생님)와 반이 변경되지 않는다.

2 '열성자'(임원/학급 간부) 선거

학급이 만들어지면 가장 먼저 선출되는 임원은 '학급 반장'이다. 이는 담당교사의 지도하에 한 개 학급을 운영하기 위한 필수적인 단계이다. 보통은 개교 후 일주일 안에 '학급 반장'이 선출된다. 우리의 임원에 해당하는 '열성자' 선거는 3학년에 가서야 이루어진다. 그것은 2학년을 거치면서 북한의 '소학교' 학생들이 '소년단' 조직생활을 시작하게 되는 것과 관련이 있다. 학급운영에 필요한 학급 '열성자'는 아래 그림과 같다. '열성자'는 소년단 간부와 분단 간부로 나뉜다. 보통은 '열성자' 또는 '간부'라고 부른다.

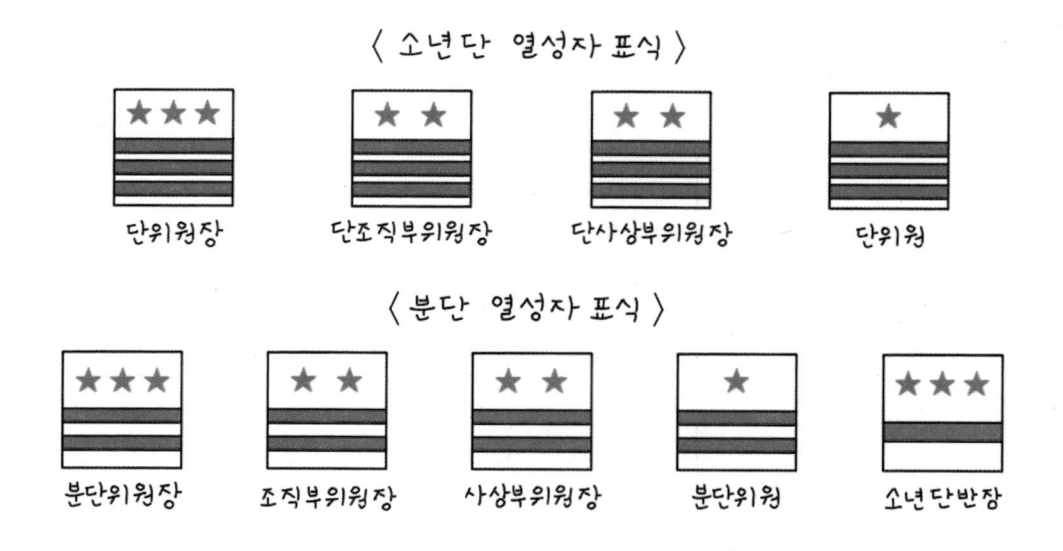

학급은 '분단'이라고 칭하며 담당교사는 '분단지도원'으로 불린다. 임원 선거는 담당교사가 명단을 발표하면 학생들이 이에 대하여 손을 드는 방법으로 찬성과 반대를 가린다. 대체로 담당교사가 지명한 후보는 임원으로 선출되지만 학생들의 반대로 추천을 받는 경우도 종종 있다. 이렇게 선출된 임원의 활동기간은 1년이다. 그러나 한번 임원이 되

면 중학교까지 임원을 지속하는 경향이 있다. 임원이 된 학생들은 왼쪽 팔꿈치 위에 '열성자' 표식을 달고 다닌다.

　　임원의 역할을 살펴보면, 학급반장은 학급 내 관리, 분단위원장은 조직 관리, 학급기수는 학교 행사 시 분단 깃발을 받아오고 분단위원장의 옆에서 분단 깃발을 든다. 분단위원은 사상담당, 꼬마계획담당, 문화담당 위원으로 나누며 사상담당은 매일 독보 및 정성관리 상태에 대한 관리를, 꼬마계획담당은 조직에서 내준 '좋은 일 하기' 활동을, 문화담당은 교실 환경 정리를 분담하고 있다. 학습반장은 학습반 학생에 대한 관리 등으로 역할이 나뉘어 있다. 기본적으로 학급의 임원은 공부도 잘해야 하지만 무엇보다도 부모의 배경을 중요하게 따진다.

'좋은일 하기'는 방과 후 진행하는 조직 내 활동으로 큰 비중을 차지하는데, 대표적인 활동은 '토끼 기르기', '꼬마계획', '나무 심기', 등을 들 수 있다. '토끼 기르기'는 학생들이 토끼를 직접 집에서 길러 한 해에 4매의 토끼가죽을 학교에 제출하는 것을 말한다. '꼬마계획'은 학생들이 파지, 병, 캔, 고철 등을 '수매소'에 팔아 한 학기 또는 한 학년에 달성해야 할 금액 목표를 말하며, 이때 수매증, 또는 현금으로 학교에 제출해야 한다. 수매증은 수매소에서 떼어준다. 수매소는 각 지역마다 있으며 파비닐, 파고철, 파지, 파병 등 재활용이 가능한 물건을 가져오면 무게를 재거나 개수를 파악하여 그에 상응하는 현금 내지는 수매증을 떼어주는 곳이다.

좋은 일 하기

토끼 기르기

나무 심기

꼬마 계획

수매증!

3 하루 일과

북한에서의 모든 교육기관은 아침 8시에 1교시가 시작된다. 아침 7시 30분~40분 사이에 등교가 완료된다. 저학년일 경우 등교는 개별적으로 하지 않고 학교 밖 일정한 장소에 학급 전체 학생들이 모여 단체로 등교한다. 등교 후 8시 전까지 간단한 청소와 정리, 독보가 이루어진다.

독보는 매일 아침 수업 전, 5분에서 10분 사이 학교 조직이나 학급에서 정한 도서 및 신문 기사 내용을 각 학급의 사상담당 임원이 학생들에게 읽어 주는 형식을 취한다.

'소학교'의 경우 하루 수업은 4~5교시이며, 토요일에는 2교시만 한다. 수업시간은 2013년까지는 초, 중, 고 전부 45분이었으나 2014년부터 초등학교는 40분으로 축소되었다. 3교시와 4교시 사이에는 15분짜리 '업간체조'를 하기 위해 20분의 쉬는 시간을 갖는다. 이때 모든 학생들은 운동장에 모여 음악에 맞추어 '건강태권도'와 '소년률동체조'를 실시한다. '업간체조'는 학교 소년단 조직과 체육선생님의 지도하에 진행된다. 음악이 울리는 것과 동시에 학생과 교원 모두 동작을 따라하게 되고 끝나면, 각 학년별로 질서 있게 교실로 올라간다. 이때 학교의 사정에 따라, '업간체조' 대신에 행사 관련된 공지를 한다.

점심식사는 대부분 집에 가서 먹으며 일부 학생들은 도시락을 가져와서 교실에서 먹기도 한다. 방과 후에도 학교의 일정에 따라 움직여야 하는데 어떤 날은 숙제 및 '학과경연' 준비를 위해 공부를 하거나, 어떤 날은 행사 준비로 운동장에서 운동을 하고, 또 어떤 날은 사회봉사 시간으로 공공의 일을 한다.

'학과경연'은 주로 고학년에서 이루어지는데 학교별 대항전의 형식을 띠게 된다. 기본적으로 수학 경연이 주를 이루며, 이때 우수한 학생은 학교의 자랑으로, 일부 시험에서 예외되기도 한다. '소학교'의 경우 담임교사가 학생들의 학습을 책임지고 공부를 시키며, 시험을 자주 보고 낙후된 학생들의 경우는 늦게까지 학교에서 공부를 시키기도 한다.

행사는 학교 '소년단', '청년동맹 연합단체대회' 및 학교 조직에서 진행하는 각종 이벤트 및 훈련이며 이 경우 학급별, 학년별 단위로 나뉘어 진행된다.

또한, 일부 학문이나 예체능에 소질이 있는 학생들은 방과 후 소조활동에 참여하기도 하는데, 해당 소조들로는 수학, 물리, 화학, 음악, 무용, 미술, 체육 등이 있다. 소조는 학과목 담당 선생님들의 지도하에 계획 운영되며, 초등학교의 경우 음악, 체육, 체조 소조가 가장 활발하다. 방과 후 활동의 경우 요일과 시기에 따라 집단별로 행해지는 경우가 많은데, 아래의 표와 같다.

요일	활동	해설
월	사상학습	북한식 정치교육의 형태로 수령의 어린시절 따라 배우기
화	과외체육	신입생의 경우 '학생률동체조'와 '건강태권도' 보급, 고학년의 경우 시즌별 행사 참여를 위한 집체 훈련 등
수	소조활동	음악, 체육, 체조 등에 참여
목	소년단의 날	소년단 조직이 진행하는 각종 사회활동
금	대청소	각 학급별, 학년별 맡은 복도, 창문, 운동장, 도로 등에 대한 청소
토	조직생활	보통 토요일은 2교시만 집행, 이후 매주 소년단 생활총화, 월간 총회, 분기 총회, 연간 총회

4 청소년 단체

북한의 소학교 입학은 만 6세이며 만 7세가 되는 2학년에 '조선소년단'(약칭 소년단)에 가입하기 위한 절차가 이루어진다. 가입은 1차로 2월 16일(김정일 생일: 광명성절), 2차는 4월 15일(김일성 생일: 태양절), 3차는 6.6절(소년단 창립일)로 세 번에 나누어 이루어진다. 2월 16일에는 학급의 10%에 해당하는 학생(이 경우 학급 '열성자'들이 주를 이루는데, 학급에서 가장 우수한 학생들이 먼저 입단하게 된다), 4월 15일에는 학급의 70~80%의 학생이, 6.6절에는 나머지 학생들(성적이 저조하거나, 출석률이 낮거나, 학업 능력이 떨어지는 학생들이 속한다)이 조선소년단에 가입하여 2학년 모든 학생들이 '조선소년단'원으로 된다.

'소년단' 입단 행사는 소년단 연합단체 대회에서 진행한다. 각 지역의 연합단체대회는 시(구역), 군당위원회 간부들과 학교 책임일군들이 나서서 소년단 상징인 '소년단 넥타이', '소년단휘장'을 달아주고 소년단 구호 "사회주의건설의 후비대가 되기 위하여 항상 준비하자"와 소년단 인사인 "항상 준비!"를 외치고 입단식 행사를 마친다. 소년단 입단식이 끝나면 각 학교 '사열식'을 진행하고 이어 소년단 조직의 예술 공연, 체육행사 등 다양한 활동을 한다.

이날 행사를 위한 대표적인 훈련에 '사열식'이 있다. 북한에서 '사열'의 의미는 정열한 군대(또는 군대와 같은 편대의 조직)나 명예위병대의 앞을 공식적으로 지나면서 보는 것을 의미한다. 이에 '사열식'은 사열하는 예식이며, '사열행진'은 사열을 받기 위하여 대렬이 행진하는 것을 의미한다.

'조선소년단'은 만 7세에서 15세까지의 학생들이 가입하는 조직으로 이때부터 조직의 규율과 규범을 따라야 하며 각종 업무의 분담과 총화 등등이 이루어진다. 총화는 단

체 활동에 대한 제반 사항의 점검 및 과오에 대한 반성 시간으로 학급단위로 주로 열린다. 가장 중요시되는 총화는 매주 학습이 진행되는 토요일의 주 생활총화이다. 이때 담당교사와 소년단 위원은 생활총화 시간에 드러난 학생 개개인의 비판 및 결의 내용, 분공 등에 따른 기록을 문서로 작성하여 상부조직에 보고해야 한다.

총화는 사업이나 생활의 진행정형과 그 결과를 분석하고 결속 지으며 앞으로의 사업과 생활에 도움이 될 경험과 교훈을 찾는 것이다. 이에 총화라는 용어는 '생활총화', '학습총화' 등 북한에서 자주 쓰이는 용어 중 하나이다. '생활총화'는 소년단원으로서의 의무대로 생활하고 행동하고 있는지를 스스로 반성하고 상호 비판하는 것을 의미한다.

분공의 목적은 교양, 단련, 검열이다. 분공내용은 각자 맡고 있는 일, 조직에서 주는 것 등 여러 가지가 있다. 분공은 조직생활 회의에서 정해주며 생활총화 및 회의를 통해 분공수행 정형을 평가한다.

5 소풍과 현장체험학습

　　북한에서는 1년에 두 번 보통 봄철과 가을철에 도시락을 싸서 학교 단체로 산이나 공원에 놀러가는 일종의 소풍을 한다. 지역에 따라 '등산' 또는 '원족'으로 불리기도 한다. 대부분의 경우는 야산에서 학년별, 학급별 운동회 및 장기자랑 등이 이루어진다. 소학교의 경우 학교에서 야외수업을 조직하지 않기 때문에 학생들은 도시락을 싸 들고 어디 간다고 하면 매우 좋아한다. 또 소풍을 가면 집이나 학교에서는 할 수 없는 여러 가지 놀이(유희)를 할 수 있기 때문에 좋아할 수밖에 없다.

　　'소학교' 단계에서 현장체험학습은 없다. 대신 중등교육에서 학교 주변 공장, 기업소, 농어촌에 한하여 체험학습을 한다. 현장체험학습은 학교에서 배운 내용을 실제 눈으로 보고 익히면서 공부를 하는 실천 활동의 하나로 진행된다. 그 때문에 현장체험학습은 수업의 하나로 진행되어 비교적 가까운 공장, 기업소를 방문한다. 이후 각자 집으로 돌아가기도, 학교에 돌아와 총화 후 헤어지기도 한다.

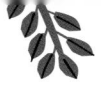

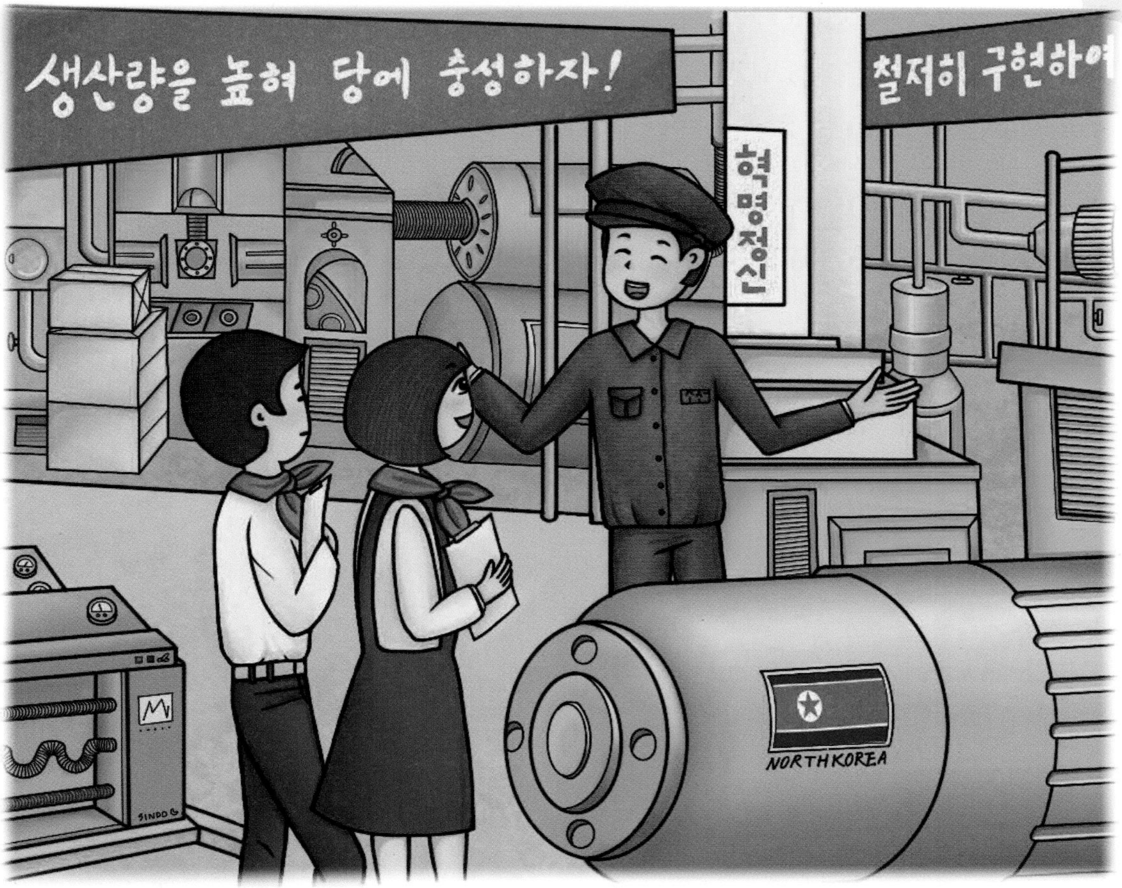
생산량을 높혀 당에 충성하자!
철저히 구현하여
혁명정신
NORTHKOREA
SINDO

6 각종 기념일

북한에서 소학교 학생들이 맞이하는 기념일은 대표적으로 6.6절 '조선소년단' 창립절과 9월 5일 '교육절'이다. 북한의 학생들은 6월 6일 전부 학교에 모여 조직적으로 사회활동, 체육대회를 하거나 소풍을 간다. 9월 5일은 교육절로서 선생님을 존중하고 학교를 사랑하는 마음을 키워주는 교양이 진행되고, 학생들은 이날 선생님에 대한 고마움으로 '나의 선생님' 노래를 부르거나 개별적으로 선생님 집으로 찾아가 부모님이 준비한 음식 등을 전달하기도 한다.

교육절은 1977년 9월 5일 북한에서 '사회주의 교육에 관한 테제'를 발표한 날을 기념하는 것으로 이 날은 교육과 관련된 모든 부문의 명절이다. 특히 학교가 맞이하는 명절로는 대표적인 것으로 교사와 학생 모두가 이 날을 기념하여 각종 행사를 치르게 된다.

우리 선생님

작사 박세일
작곡 박무준

밝고 정서 있게

1. 흘러 가 - 는 세월 속에 추 - 억은 많 - 아 도
2. 살뜰 하 - 게 배워주던 그목소리 정 - 답 고
3. 우리 모 - 두 새겨 가는 위 - 훈의 자 - 욱 엔

학창 시 - 절 선생님을 잊을 수 없 - 어 라
내잘 못 - 을 타이르던 그 마음 뜨 - 겁 네
남모 르 - 는 그 정성이 깃들어 있 - 어 라

(후렴)

은 혜론 당 - 의 참 - 된아 들 딸 로

우리를 키워준 선 생 님 아 _____ 선 생 님

17

7 가족문화

북한에서도 가족이라고 하면 할아버지, 할머니, 아버지, 어머니, 그리고 형제들을 이야기 한다. 아버지, 어머니, 그리고 형제들만 사는 집도 많다. 아버지의 경우는 대개 직장생활을 하고, 부모님 두 분 다 직장에 다니는 경우도 있다. 한국과 마찬가지로 북한에서도 부모들의 관심사는 자식들이 공부를 잘하는지, 갖고 있는 재능을 어떻게 키울지 등이다. 부모님들은 공부를 잘하고, 방을 깨끗이 쓰고 웃어른들께 인사 잘하고 부모님 일을 잘 도우면 착한 아이라고 칭찬한다.

토요일이 되면 학생들은 학습반(한 한급에서 4~6명 짝을 지어 학습반을 구성)별로 모여 숙제를 하거나 개별 분공(각종 수매 및 채취) 수행을 위해 움직이게 된다. 이날 부모님들도 각종 동원 및 사회봉사 활동 및 생계를 위해 움직이므로 주로 학생들의 단속과 통제를 학교가 맡고 있다. 일요일에는 집에서 자체학습을 하거나 부모님의 일손을 도와 집안일을 거들기도 하고 집 주변 친구들과 함께 놀기도 한다. 가정 내 교육은 주로 어머니가 맡고 있으며, 숙제검열, 학습장 준비, 책가방 준비 등을 살핀다.

8 호국 보훈

　북한에서는 6월 25일(북한: 조국해방전쟁)과 7월 27일(북한: 전승기념일, 남한: 전정협정 체결일), 8월 15일 등 특정 기념일에 북한의 해방과 전쟁에서 싸운 사람들을 추모하는 각종 행사를 진행한다. 평양에서는 남한의 현충원과 같은 기능을 하는 '혁명열사릉', '애국열사릉' 등이 있으며, 각 지방별로 '애국열사릉', '기념탑', '헌시비' 등에 꽃다발을 바치는 행사를 진행한다. 그리고 남한의 국가 유공자에 해당하는 '혁명가 유가족', '전쟁영웅' 등에게는 기념일마다 일반 주민과는 다른 공급 시스템에 의해 별도의 선물(생일상, 고급술, 양복, 열대과일, 통조림 등)을 주고 있다. 이들은 사회적으로 높이 우대되고 기차 이용 시 자리가 지정되어 있다. 그뿐만 아니라 북한은 계급교양 전시관 등을 곳곳에 꾸려놓고 교양을 진행하기도 한다. 여기서 교양은 이룩된 업적을 소개하고, 칭송하며, 따라 배우려는 의지와 마음을 갖게 한다는 데 목적이 있다. 그리고 이러한 날짜들에 시 낭송 경연, 합창 경연 등을 조직하여 사회적으로 이날을 기념하는 각종 행사들도 갖는다.

9 시험

　　북한의 학교는 학기 말과 학년 말 시험의 공식적인 시험 외에 담당교원에 따라 치러지는 주간·월간 시험, 졸업시험이 있다. 보통 해당 수업시간에 과목별로 이루어지며 시험기간은 1~2주일 정도이다. 시험을 보아야 하는 교과명칭과 학기, 학년이 명확하게 제시되어 있으며 과목 선생님들은 해당 교과목이 시험과목인지를 학기 초에 인지시킨다. 시험과목이 아닌 교과목의 경우는 학습 규율, 참여도, 과제물 제출 등으로 성적을 평가하고 체육의 경우는 실기시험으로 치른다.

　　'소학교'의 경우 1학년은 시험이 없으며 시험은 형태에 따라 필답시험, 실기시험으로 나눈다. 시험은 학년이 올라가면서 해당 과목이 종료되는 시점에 시험을 치르거나 수학이나 국어 같이 매 학기마다 시험을 보기도 한다.

　　필답시험은 흔히 구답시험과 배합하여 진행되고 이 둘을 합산하여 시험성적으로 제시한다. 또한 성적은 평상시 성적이라고 하여 학기 중 학습과제 검열과 질의문답 등의 점수를 종합하는데, 이 경우 평상시 성적은 30%, 시험성적 70%로 나누며 이를 합산한 성적이 학기 또는 학년말 성적으로 된다. 북한의 시험문제는 남한과 달리 객관식문제가 없다. 따라서 배운 내용 및 교재에 있는 내용을 외워서 대답하는 형태(구답시험)와 문제풀이 형식, 응용능력 등의 분석적인 문제들로 구성된(필답시험) 시험이 주를 이룬다. 그 외에도 학과경연의 형태로 분기에 한 번씩 학교별, 학년별, 학급별 대항전을 치르기도 한다. 성적표에는 각 과목 점수가 표기되고 이를 평균하여 최우등, 우등, 보통, 낙제 등으로 구분된다. 이는 5단계 채점법이라 하여 1987년부터 시행이 되었고, 5점은 최우등, 4점은 우등, 3점은 보통, 2점과 1점은 낙제로 평가된다. 특징적인 부분은 시험을 치른 후 학급, 학교 게시판에 시험성적 순으로 등수가 공개되며 학기 말, 학년 말에 성적표를 내어준다.

10 방학

방학은 여름과 겨울로 나누어 한 해에 두 번씩 방학을 하며 그 기간은 '소학교', '초급중학교', '고급중학교'에 따라 다르다. 1학기는 4월에 시작되어 7월 말에 종료되고 여름방학이 시작된다. 2학기는 9월에 시작되어 12월 중순 또는 말에 종료되고, 겨울방학을 한 후, 2월 초부터 다시 개교하여 3월까지 2학기를 마친다. '소학교'의 경우는 방학기간에 '방학숙제장'이 제시되어 일별 과목 숙제가 제시된다. 숙제뿐만이 아니라 책 읽기 과제, 수학여행, 계절 체육, 참관 '꼬마계획' 등에 참여해야 한다.

특히 여름방학의 경우 아침 식전에 학교에 모여 학교주변을 달리는 아침운동 시간이 있다. 이때 학급별 구호 제창을 하면서 주변을 한 바퀴 뛰고 간단한 운동을 마친 후 출석체크를 하고 집으로 돌아온다.

> 이때 구호는 '배움의 천리길', '광복의 천리길', '조국 통일' 등이며, 학급을 반으로 나누어 대열의 앞에서 '배움의' 하면, 뒤에서 '천리길' 하는 식으로 받아친다.

일주일에 한 번 정해진 날짜에 담당 교사로부터 '방학숙제장'을 검사받게 되며, 방학이 종료되면 담당 교사에게 숙제장을 제출한다.

11 방학 중 활동

보통 방학기간에는 도시에 사는 학생의 경우 부모님 휴가일이나 일요일 등에 맞추어 가족끼리 주변 휴양지나 공원, 동물원, 바닷가 등에 다녀온다. 지방에 사는 학생의 경우는 주변 강하천이나 야산 등에 친구들끼리 무리지어 다니면서 동식물 채취나 물놀이 등을 즐긴다. 그런가 하면 방학을 이용하여 시골에 계시는 친척이나 타 지역 친척 집에 가서 놀고 오는 경우도 있다. 다만, 타 곳으로 이동하기 위해서는 증명서를 발급받아야 하는 절차를 거쳐야 한다는 점에서 선호하는 휴양지가 있다고 하여도 찾아가기에는 다소 불편함이 따른다. 또한 학생들의 경우 방학이라고 하여도 일주일에 한 번씩은 학교에 모여야 하는 관계로 오랫동안 타 지역을 다녀올 수 있는 여건은 제한적이다.

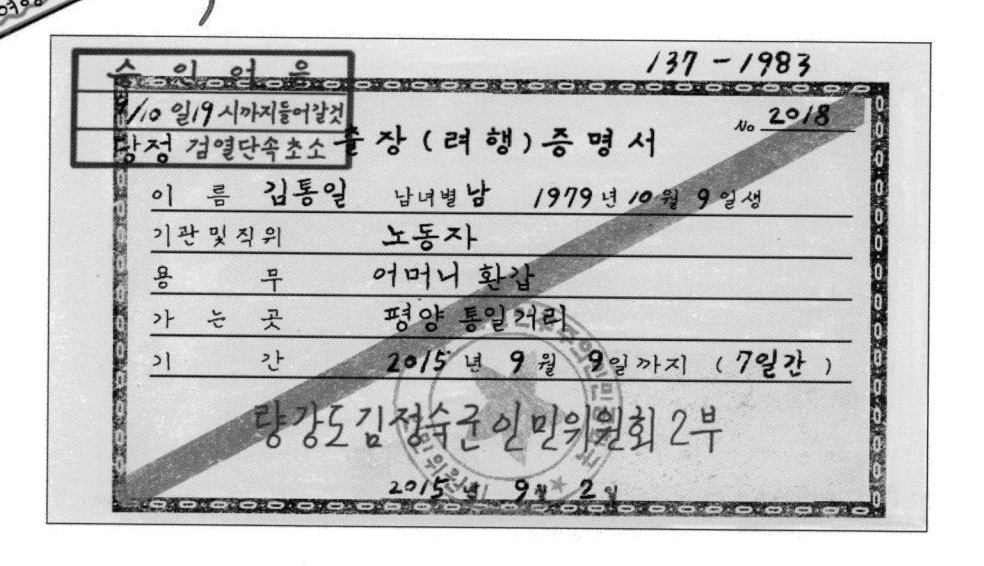

12 음식

기본적으로 북한의 일상적인 식생활에서 주식은 밥과 떡, 국수, 지짐(부침개), 죽이다. 밥의 경우 재료나 형태에 따라 흰쌀밥, 오곡밥, 좁쌀밥, 기장찰밥, 평양온반, 소고기온반, 생선온반, 비빔밥, 볶음밥, 약밥, 김밥, 줴기밥(주먹밥) 등으로 나뉜다. 요리로는 야채, 산나물, 고기나 물고기 등으로 만들어지는 요리들이 기본을 이루며 식탁에 기본으로 놓이는 것은 국과 김치이다. 그 외 탕, 볶음, 찌개, 자반, 젓갈, 장아찌, 튀김, 구이, 찜, 산적, 편육, 회 등 여러 가지가 있다. 대표적인 지방요리에는 평양의 경우 대동강 숭어국, 평양냉면, 평양비빔밥, 평양온반, 녹두지짐, 뱀장어구이가 유명하며, 함경도는 함흥냉면, 감자떡, 과줄, 속도전 떡, 강원도는 총떡, 개성은 보쌈김치, 추어탕, 황해도는 해주 비빔밥이 있다. 아이들에게 가장 인기 있는 음식은 떡(송편, 설기떡, 인절미, 속도전 떡)과 꽈배기 등 기름으로 튀긴 음식이다.

속도전 떡

두부밥

과줄

과줄은 쌀가루를 뜨거운 물에 반죽하여 밀대로 얇게 편 다음 잘 말린다. 이후 기름에 튀기고 위에 엿을 바른 후 쌀이나 국수 튀긴 것을 뿌린다. 북한에서는 결혼식, 환갑 등 대소사에 빠짐없이 등장하는 음식이며, 제주도의 감귤 과줄과 같다.
'속도전' 떡은 우리의 강냉이 뻥튀기를 다시 곱게 가루 내어 소금과 물만으로 반죽한 것으로 빨리 먹을 수 있다는 의미에서 속도전이라는 용어를 붙인 것이다.

13 어린이 문화생활

기본적으로 학교생활이 주를 이루고 가정에서의 여가 생활은 적은 편이다. 따라서 학교에서 또래 학생들과 어울려 노는 놀이가 많다. 남학생의 경우는 공을 이용한 경기들을 주로 하는데 대표적인 경기로는 축구가 있다. 그 외 민속놀이로서 제기차기, 메뚜기치기, 팽이치기, 여학생은 줄넘기, 공기돌 치기, 실뜨기를 주로 하며 동네 어린이들과 자주 하는 놀이에는 숨바꼭질이 있다. 사회적으로 여가생활로 추천되는 것 중에는 책읽기가 있는데, 지역마다 학생 도서관이 있어 학교명과 학년 반을 기록하고 책을 빌려주고 반납할 때 감상문을 써 내도록 하는 제도도 있다.

2000년 이전만 해도 학생들이 책을 보려면 지역 내 학생 도서관이나 학교 도서관, 또는 책을 갖고 있는 친구 집에서 빌려 보았다. 그러나 2000년 이후 시장과 역전, 대중교통을 이용하는 장소 옆 등에서 개인들이 책을 빌려보게 하거나 대여해 주는 곳들이 생겨났다.

14 갈등 화해

북한 학생들은 학교에서 조직생활이라는 단체 활동에 전부 참여하게 된다. 여기에서 조직생활은 학생 상호 간 관계에도 영향을 미치게 된다. 수업 중 다투었거나 쉬는 시간에 학생끼리 싸움을 하거나 학교 밖 길이나 동네에서 싸움이 나면 이는 곧바로 주변 학생과 '열성자'를 통해 담당교사에게 알려지게 된다. 이 경우 담당교사가 잘잘못을 따지고 체벌을 주며 주 '생활총화'의 비판 또는 호상비판의 대상이 된다. 이럴 경우 잘못을 저지른 학생은 학급 전체의 관심에 놓이게 되므로 스스로 잘못을 비판하고 고치기 위해 노력을 하게 된다. 또한, 교내에는 '학생규찰대'가 있어 정해진 규율을 따르지 않은 학생들을 적발하고 질서유지와 학생 품행 유지 등을 위한 활동을 한다. 이때 위반자가 발견되면 이름과 소속을 적어 바로 조직에 보고되고 체벌을 받게 된다.

체벌의 경우는 다양한데, 방과 후 교실 청소나 운동장 청소, 생활총화와 같이 조직 생활총화에서 불량한 학생으로 언급되고 집중 관리 대상이 된다.

학생들 상호 간 갈등 유형을 나눠보면 우선은 경제적 요인의 영향을 많이 받는데 옷 잘 입는 학생, 공부 잘하는 학생, 같은 소조에 다니는 학생, 외부문화를 공유하는 학생과 그렇지 않은 학생들 사이의 갈등이 있다. 또한 선생님이나 학급반장과의 친숙함을 내세워 자기보다 약한 학생을 괴롭히는 유형이 있다.

15 수업시간

소학교에서는 1학년에서 5학년까지 모두 13개 교과목을 배우게 된다. 교과에는 김일성, 김정일, 김정은 김정숙 어린시절, 사회주의 도덕, 국어, 영어, 수학, 자연, 정보기술, 체육, 음악무용, 도화공작이다.

수업이 시작되면 학생은 의자에 똑바로 앉아야 하며 수업시간에는 선생님의 허락 없이 교실을 출입할 수 없다. 수업종이 울리면 선생님이 들어오는데, 이때 모두 기립하여 선생님을 맞이하고 선생님의 "앉으라"는 말씀 후에 자리에 앉을 수 있다. 수업시간에는 특히 선생님의 설명과 다른 학생들의 대답에 주의를 기울여야 하며 하품이나 잡담을 하거나 낮잠을 자서도, 장난을 해서도 안 된다. 수업 도중이라도 교장이나 학교 간부들의 교실 방문 시에는 곧바로 일어나서 경례를 표시해야 하며 수업이 끝나 선생님이 교실을 떠날 때에도 기립해야 한다.

북한에서 교사와 학생들이 주로 하는 수업 방식은 강의, 토론, 실험, 실습, 연습 등의 형식을 띠고 있다. 2000년 이후부터 협동학습, 모둠활동이 장려되며 학생들의 참여를 중요하게 여겨 능동적 참여가 장려되고 있다. 또한 과거 교과서에만 의존하던 수업에서 태블릿 PC를 이용한 교구들이 적극 도입되면서 쌍방향 소통에도 주목하고 있다. 수업을 마칠 때에는 반드시 그 시간에 배운 내용과 앞으로 배울 내용에 대한 부분이 숙제로 제시되는데, 숙제는 부모의 검사를 받아와야 한다.

학교와 학부모 간 연락은 저학년의 경우 숙제 제시 후 부모님 요청사항을 칠판에 쓰고 학생들이 숙제장에 메모하도록 지도하는 반면, 고학년은 구두로 전달된다.

16 추석

추석에는 모든 학교가 쉰다. 학생들은 부모님을 따라 산소에도 가고 가까운 유원지나 공원에 놀러 가기도 한다. 추석은 설 다음으로 가장 크게 쇠는 민속 명절로서 집집마다 맛있는 떡과 음식을 가득 장만한다. 특히 산소에 가는 집들은 아침 일찍 준비하고 아이들은 부모님 따라 산소에 가서 절하고 인사를 드리는 모습에 대해 배우고 이야기를 듣는다.

산소에 안 가는 집들도 있는데 이 경우는 가족 친지끼리 모여서 식사를 하거나 가까운 곳으로 놀러 나가기도 하고, 오전에 일찍 산소에 다녀와서는 오후에 가을걷이를 하는 집들도 있다. 이날 음식은 떡과 만두, 각종 반찬과 사과, 배가 준비된다.

● 가을걷이는 봄, 여름 내내 가꾼 곡식들을 거두어들이는 것을 말합니다. 농촌마다 벼 밀, 콩, 옥수수, 감자, 콩 등등 수확하고 창고에 보관하느라 정말 바쁩니다. 각 집들도 농사 지은 곡식을 거두어들이느라 바쁜데 특히 북쪽은 눈이 일찍 내리기 때문에 그 전에 수확을 마쳐야 합니다.

17 학예회

학교에서는 1년에 두세 번 1월 1일(양력설), 2월 16일(광명성절)과 4월 15일(태양절)을 맞이하여 '새해 설맞이공연'과 '충성의 노래모임'을 하게 된다. '새해 설맞이공연'의 경우는 예술적 기량이 높은 학생들로 전문적으로 준비하는 데 반하여 '충성의 노래모임'은 2월 16일과 4월 15일을 맞이하여 학급별, 학년별, 학교별로 성대하게 준비한다. 노래모임, 시낭송, 개인 연주 등으로 이루어지며 특히 1인 1악기 다루기라고 하여 가장 쉽게 준비하고 맞출 수 있는 하모니카, 북, 기타 등 합주를 통해 학급 전체의 참여가 평가·장려된다.

충성의 노래모임 순서(예시)
1. 합창
2. 독주
3. 독시
4. 이중창
5. 독창
6. 중창
7. 합창

18 생일파티

북한에서 생일은 부모가 신경 써서 차려 주어야 한다. 간혹 부모가 미처 챙기지 못한 경우 생일인 줄 모르고 지나가기도 하며, 학급에 같은 날짜에 생일이 있는 친구가 있어 해마다 경쟁하듯 생일 선물 자랑을 할 때도 있다 생일 문화를 살펴보면, 경제적으로 여유가 있는 아이들끼리 몰려다니면서 선물을 해 주거나 맛있는 음식을 돌아가면서 대접하기도 한다. 집에서는 보통 생일이 되면, 떡과 흰쌀밥, 고깃국 및 여러 요리를 해 주거나 시장에서 옷을 사 주기도 한다.

담당교사 생일의 경우는 학급반장 부모님의 주도하에 돈을 모으거나 선물을 준비하여 인사를 드리기도 한다. 북한에서 담당교사는 스승이자 학부모의 역할을 동시에 맡아야 하는 자리라는 인식이 확산되어 있다. 여기에 입학부터 졸업까지 한 명의 교사가 담임을 하여 몇 년을 함께 생활하는 현상과도 맞물려 교사의 생일만큼은 학부모들이 책임지고 챙겨준다.

19 북한 아이들의 꿈

소학교 학생들은 '군사놀이'를 즐겨한다. 유치원에서부터 받은 교육과 매체를 통한 선전의 효과이기도 하다. 특히 영화나 애니메이션 등에 전쟁영화나 전쟁만화 영화가 자주 방영되고 그러다 보니 총 쏘고 수류탄 던지고 싸움하는 모습을 흥미롭게 보게 된다. 그러므로 커서 무엇이 되겠냐는 질문에 철없는 아이들은 서슴없이 인민군대가 되겠다고 대답한다. 또한 부모보다 학교와 선생님과 오래 관계를 가지는 탓에 선생님이 되겠다고 대답하는 아이들도 있다. 최근에는 시장화가 진전되고 해외로 관심이 집중되면서 돈 잘 버는 직업인 '외화벌이' 회사에서 일하고 싶어 하는 학생들도 등장했다.

20 크리스마스와 새해 풍경

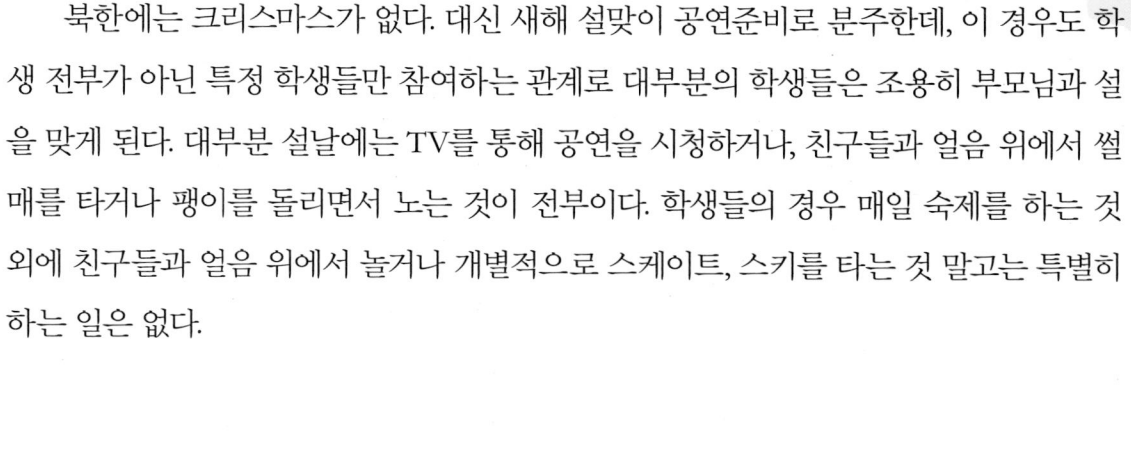

북한에는 크리스마스가 없다. 대신 새해 설맞이 공연준비로 분주한데, 이 경우도 학생 전부가 아닌 특정 학생들만 참여하는 관계로 대부분의 학생들은 조용히 부모님과 설을 맞게 된다. 대부분 설날에는 TV를 통해 공연을 시청하거나, 친구들과 얼음 위에서 썰매를 타거나 팽이를 돌리면서 노는 것이 전부이다. 학생들의 경우 매일 숙제를 하는 것 외에 친구들과 얼음 위에서 놀거나 개별적으로 스케이트, 스키를 타는 것 말고는 특별히 하는 일은 없다.

21 졸업식

북한에서 졸업식은 입학식과 달리 학급별로 조용히 실시된다. 특징은 졸업식에 학부모가 오지 않는다. 졸업식에서는 졸업장과 성적증을 받게 되고 학교는 학생들의 졸업을 기념하여 단체사진을 찍어 학생들에게 나누어 준다. 학교 행사로는 학기 간, 학년 간 전 과목 최우등생과 조직생활에서 모범을 보인 졸업생들에게 졸업장 외 학교장과 소년단 위원장 명의의 표창장이 수여된다.

탈북민 학생들이 하나원에 도착하면, 하나원 밖에 있는 삼죽초등학교와 하나원 내 하나둘 학교에 등교하게 된다. 따라서 삼죽초등학교는 하나원 체류 3개월 기간 동안에만 머무르는 곳이다. 이에 삼죽초등학교는 2000년 2월 최초로 탈북학생 2명의 특례 입학을 시작으로 2001년 1개의 특별학급을 신설하였고, 2005년부터 현재 3개의 특별학급을 편성하여 현재 240기(2018년), 1,540명에 대한 위탁교육을 맡아왔다. 하나둘 학교는 중등교육기관으로 하나원 내에 있다. 마찬가지로 학생들이 하나원 체류 3개월 기간 동안에만 머무르는 곳이다. 2009년 9월 개교로 하나원 내 만 19세 이하 청소년을 대상으로 전일제 교육을 실시하고 있다.

● 하나원: 북한이탈주민 정착지원 사무소
하나둘: 하나원에서 운용하는 탈북 청소년을 위한 학교

맛있게 읽는
북한이야기
- 해설편 -

문인철·간우연·이미경·임상순·엄현숙·양미정·최영일 지음
이미경 그림

충성이

유나

속도전 떡

두부밥

박영사

맛있게 읽는 북한이야기

초판발행	2019년 4월 10일
중판발행	2020년 11월 30일

지은이	문인철 · 간우연 · 이미경 · 임상순 · 양미정 · 엄현숙 · 최영일
그 림	이미경
펴낸이	안종만 · 안상준

편 집	박송이
기획/마케팅	김한유
표지디자인	김연서
제 작	고철민 · 조영환

펴낸곳	(주) 박영사
	서울특별시 금천구 가산디지털2로 53, 210호(가산동, 한라시그마밸리)
	등록 1959. 3. 11. 제300-1959-1호
전 화	02)733-6771
f a x	02)736-4818
e-mail	pys@pybook.co.kr
homepage	www.pybook.co.kr
ISBN	979-11-303-0634-6 03340

정 가   13,000원

맛있게 읽는

북한이야기

문인철·간우연·이미경·임상순·엄현숙·양미정·최영일 지음
이미경 그림

박영사